商品化できる発明のつくり方

特許の実施料が**3億円**になった発明のトリセツ

中本繁実
一般社団法人 発明学会会長 東京発明学校校長
発明教育家 発明配達人

日本地域社会研究所

コミュニティ・ブックス

大好きな〇〇の発明を商品にするために
楽しみながら、チャレンジしました

テーマ「題目」は、人の役に立つこと
大好きなことです

だから、ガンバルことができました

あなたも、不平、不満を解消するために
発明に、チャレンジしませんか

手づくりで、試作品をつくってください
テスト（実験）をしてください

ムダなことは、一つもありません

人を笑顔にする、便利なモノを、発明してください

自分で 考えて 決める習慣は
モノの見方が変わる
発明［試作］する 力になる！

私は、40数年間、発明と一緒に生活しています。
　発明を学習する時間は、毎日、笑顔で、快適に、過ごすことができます。
　それは、大好きなことだけ、勉強すればいいからです。
　だから、発明の勉強、集中できます。
　○○の発明を商品にするために、試行錯誤をくり返しながら、コツコツと続けました。
　多くの町（個人）の発明家が、目指す目標は、長く語りつがれている、「洗濯機の糸くず取り具」の発明です。
　特許の実施料・約3億円です。
　「億万長者」の大きな夢を、友人、家族に語りかけてください。
　あなたが大好きな○○の発明、商品になります。

　大好きで、知識が豊富で、得意な分野の中から、発明のテーマ「題目」を選べば、商品化について、何も、悩むことはありません。

これから、始める発明の勉強の参考書（指南書）は、
やさしい本「トリセツ」が一番です。

　大好きな〇〇の発明が、商品になる、条件があります。

□ 一つめは、テーマ「題目」の選び方です。
　　知識が豊富で、得意な分野の中から、選ぶのです。
　　知識をふやすために、さらに、深く、学ぶことです。

□ 二つめは、大好きな〇〇の発明をムダにしないように、
　関連の「情報」をたくさん集めることです。
　　そして、ニーズ（需要）があるか、調べることです。

□ 三つめは、〇〇の発明の完成度を高めるために、物品の形
　状、構造（しくみ）を考えて、手づくりで「試作品」をつくり、
　使いやすく、もっと、便利にするのです。
　　大好きな〇〇の発明を輝かせるのです。
　　そして、毎日、ワクワク、ドキドキを体験してください。

　大好きな〇〇の発明が、すごいことを、これから、はじめて
くれますよ。

はじめに

大好きな○○の発明を、商品に育てるのは、生みの親である発明者のあなた

■ **発明を、思いつくきっかけ**

　たとえば、針金状の便利なクリップです。

　家庭、職場、学校に必ずあります。

　シンプルな、シルバーのものから、カラフルで、可愛いいものまで、何種類もあります。

　クリップは、数枚の紙を重ねて、バラバラにならないように、紙を挟むときに使います。

　小さいものから、大きなものまで、豊富な種類のクリップがお店の店頭に並んでいます。

　その中で、実際に、よく使うものって限られている、と思いませんか!?

　これまで、使ったことがない、クリップを知ったり、よく使っているクリップの別の可能性に気がつきます。

　すると、幸せな気持ちになります。

　ふだん、家庭、職場、学校で使っている、針金状のものが「ゼムクリップ」です。

　「ゼムクリップ」!?

　あまり、聞きなれていないでしょう。

　でも、「ゼムクリップ」は、みなさんが、数枚の紙を挟むときに、一番、よく使っているクリップです。

　そのクリップのメリットは、手軽に使えることです。

小さいので、ペンケースにも入ります。
形状のデザインもいいです。
デメリットは、変形しやすいです。
紙の枚数が増えると挟めないです。書類がずれやすいです。

■ 便利で、使いやすい「クリップ」を考えた

　そこで、もっと、便利で、使いやすい「クリップ」を考えました。
　枚数が多くなっても、挟めて、挟む力が強力なクリップがほしいです。
　しっかり、挟めて、かさばらないような、クリップがほしいです。
　そうか、こういったときにクリップの形状、構造（しくみ）を考えればいいのか。
　この瞬間、これは、すごい発明ができる、と思って、イキイキした顔になります。

〇〇のクリップは、どうすれば、商品になるか

■ 〇〇のクリップに、関連した「情報」を集める

　〇〇の発明の芽をのばすためには、関連の「情報」を集めることからはじめます。
　その課題（問題）に関して、関連の「情報」をたくさん集めましょう。
　すでに、
　▷ 商品になっていないか。
　▷ 販売されていないか。
　……、調べるのです。

はじめに

販売されている商品は、Yahoo（ヤフー）、Google（グーグル）などで、検索できます。調べてみましょう。

すると、

▷ どんな商品が売れているか。

▷「市場性」、があるか。

……、いろいろな状況がわかってきます。

■「クリップ」を製造、販売をしている会社を調べる

新しい「クリップ」を商品にしていただけるために、目標にしている会社の情報（事業の内容）が必要です。

それでは、「クリップ」を製造、販売をしている会社を、インターネットなどで、調べましょう。

○○の発明を商品にしていただける、目標の第一志望、第二志望の会社を決めることです。

会社のホームページで、

▷ 事業の内容が調べられます。

そうすれば、

▷「傾向と対策」を練ることができます。

■ 先行技術を「特許情報プラットフォーム」で調べる

発明に、新しさ（新規性）がないと、権利はとれません。

だから、先行技術（先願）を、**特許庁の「特許情報プラットフォーム」**（Japan Platform for Patent Information、略称 J-PlatPat）で、調べることが必要です。

（「特許情報プラットフォーム」の活用方法は、120ページで詳しく解説します。）

■ ○○のクリップを、「特許願」の出願の書類にまとめる
　先行技術の特許の「公報」が、「特許願」の出願の書類をまとめるための「参考書」になります。
　知的財産権に興味がある「会社」もみつかります。
　「特許願」の出願の書類の形式などは、ワード（word）のコピー（複写）、ペースト（貼りつけ）を使えば、簡単にまとめられます。

■「目標」の会社に、手紙を書いて、売り込みをしよう
　今度は、手紙を書いてください。
　目標の第一志望、第二志望の会社への売り込みです。
　これなら、上手くいきそうだ、と思って、すぐに、手紙を書いて送りました。
　数日後、嬉しい手紙がくるでしょう。
　……、と、毎日、ポストをみていました。
　ところが、2週間、3週間しても、返事はきません。
　クリップの発明で、発明を考えることは、簡単にできました。
　だけど、クリップの発明を商品にしていただくのはむずかしい、ということを体験します。
　ここで、あきらめてしまう人が多いです。

■ はじめての人は、試行錯誤をしたハズ
　▷ 時間もかかったハズです。
　もちろん、
　▷ 努力もしたハズです。
　そのことがわかるようになります。

はじめに

　すると、町（個人）の発明家の心は、ガラリと変わります。
　安易な心理がふっとんで、未知の世界を探し求める努力と行動する力が身につきます。

■ 世のため、他の人のためになる、発明を考えよう

　欲から入った、町（個人）の発明家が、やがて、損得を無視して、ひたすら、世のため、他の人（第三者）のためになるクリップの発明を考えはじめます。
　利己から利他へ、そこに、人生の醍醐味を感じます。そうなったとき、世間は、町（個人）の発明家を捨ててはいません。
　目標の会社で、思ってもいなかった好条件で、大好きな発明を、商品にしていただけるでしょう。

■ この道を歩けば、クリップの発明は商品になる

　本書では、そうした、人をみがくための道としての発明を述べています。発明の真の喜びを味わい、その結果として、クリップの発明は、商品になるのです。
　その技法と心構えを説明します。
　まだ、自信作の発明が、商品になっていない人は、その理由がわかります。
　ご活用ください。
　自分の心を照らす一助になる、と信じています。
　大切なところは、何度も繰り返し説明しています。多少、くどい点があるかもしれませんが、どうぞ、ご理解を。

　　2024 年 10 月　　　　　　　　　　　　　　　中本繁実

目　次

はじめに …………………………………………………………………… 5

第1章をスタートする前に …………………………………………… 13
　確実に、商品化できるテーマ「題目」について、
　一緒に考えてみよう！

第1章　なるほど、発明が商品になるヒントは、
　　　　「頭（脳）」の準備体操から …………………………… 21
　1．手提げ紙袋の取っ手は、ずらしている ………………… 22
　2．課題の解決につながる、笑顔の力 ……………………… 25
　3．大切なものを、よくみていない ………………………… 28
　4．「ホッチキス」の針の改善・提案 ………………………… 30
　5．研究を続ければ、発明は、商品になる ………………… 34
　6．発明をあらわす「図面」は、少ないほうがいい ……… 37

第2章　なるほど、「特許願」を、自分の力で
　　　　まとめられる発明は、商品になる …………………… 41
　1．「契約金」と「ロイヤリティ」……………………………… 42
　2．人の役に立つ発明だから、商品になる ………………… 45
　3．商品にするために確かめることがある ………………… 49
　4．「発明発表オーディション」で、発明を育てよう …… 53
　5．「特許願」に必要な出願の書類は ……………………… 60

6．「洗濯機の糸くず取り具」の「特許願」 64
7．自分の力で、「明細書」はまとめられる 74
8．「契約書」の書き方の例と、「立会人」について 85

第3章 なるほど、大好きな発明は、
　　　　こうすれば、商品化できる 89
1．町（個人）の発明家と会社の創作活動は違う 90
2．便利になった、発明は、商品になる 94
3．発明が、商品になる、テーマ「題目」の選び方 97
4．発明の商品化は、思いつきとヒントの数に比例 99
5．発明が商品になる近道は、メモと落書きだ 106
6．発明を楽しめば、「夢」も「目標」も実現する 109
7．「先願主義」だから、「出願」を急ぎたいのか 112

第4章 なるほど、ムリをして、背伸びを
　　　　しなくても、発明は、商品化できる 117
1．市場の調査で、商品になるか、判断ができる 118
2．発明は新しいか、先行技術を調べよう 120
3．発明者が、手づくりで「試作品」をつくる 123
4．心をこめて「試作品」をつくる 128
5．商品化をめざし、発明コンクールに応募しよう 132

第5章 ゴールは、大好きな〇〇の発明の商品化！ ……135
- ■ 発明（アイデア）成功十訓 ……136
- ■ 売り込みをする前に、自己「評価・採点」を ……137
- 1．売り込みの手紙文の書き方の見本 ……138
- ■ すぐに、使える・手紙の書き方 ……143
- 2．出願を急ぐより、売り込みをすすめるのか ……146
- 3．先に発明の出願をしていたら、次は売り込みを ……149
- 4．マスコミに売り込みの手紙を書こう ……155
- 5．会社の担当者とのやりとりが大切 ……159
- 6．売り込みで、発明の完成度が高まる ……163
- 7．売り込み、もう少しで、上手くいく ……167

おわりに〔筆者から贈る大事なお便り〕 ……172

第1章をスタートする前に

確実に、商品化できる
テーマ「題目」について、
一緒に考えてみよう！

あなたは、いま、大好きな○○の発明が商品になることを考えていますね。

　そして、発明の活動のスタートラインに移動されたのですね。

　さあー、第一歩、元気よく、歩きはじめましょう。

　わたしは、あなたの、応援団です。

　確実に、夢を実現するためには、大好きなことに、チャレンジするのです。

　だから、どんなことがあっても、くじけないでくださいよ。

　○○の発明が商品になる様子をイメージしてください。

　テーマ「題目」の選び方がポイントになります。

　そして、○○の発明を商品にしていただくために、まとめる途中、途中で、何をしなければいけないか、いま、考えられることをイメージしてください。

　発明活動の全体が見えてきます。

　それを、一つ一つ、楽しみながら、実行するのです。

　きっと、はじめて、体験することばかりでしょう。

　どんなことがあっても、大丈夫です。

　大好きな発明にチャレンジしているからです。

　だから、問題は、何もありません。

　本書を読んでいただきたいです。

　読みすすめていただければ、そうか、なるほど、といっていただきながら、ページを開くことが楽しくなります。

　そして、あなたの○○の発明が商品になる日が近づきます。

　○○の発明で、多くの人を笑顔にしますよ。

　そして、さらに、意欲が湧いてきたでしょう。

　次のような「情報」をご自身の得意な分野の知識と技術で、整理できれば、あなたの発明は、商品になります。

第1章をスタートする前に

〔1〕ワクワクする、発明が生まれる瞬間
　□ いま、自分の周囲で、何か、問題になっているか。
　□ 何か、問題を解決したいものがあるか。
　□ 不平、不満は、何か。
　□ 不便なことは、何か。
　□ クソッと思ったことは、何か。
　□ いま、気になっていることは、何か。
　□ 型に、はまらない、考えができるか。

〔2〕楽しくなる、発明のテーマ「題目」
　□ 大好きで、知識が豊富で、得意な分野か。
　　・タダの頭（脳）と手と足を使っても、ムリをして、お金を使ってはいけない。
　　・いままで（従来）の商品の課題（問題）。
　　・問題を解決するための工夫。
　□ 大好きなことに、集中できるか。
　　・アイデアを考える。
　　・商品にする作業、試行錯誤をくり返しながら、コツコツと続けられる。

〔3〕簡単に、課題を解決する方法を思いつく
　□ アイデアをたくさん出せるか。
　□ だれでも納得できる解決策がみつかるか。
　□「物品の形状」を工夫したいか。
　□「物品の構造（しくみ）」を工夫したいか。
　□ ○○と○○の「物品の組み合わせ」を工夫したいか。

〔4〕「**市場性**」があるか、調べる
　□ インターネットを活用して、商品の検索をしてみよう。

〔5〕「**特許情報プラットフォーム**」で、先行技術「情報」を調べる
　□「特許情報プラットフォーム（J-PlatPat）」で、関連の先行技術「情報」を確認しよう。
　　・○○の発明は、新しさ（新規性）があるか、調べよう。
　　・出願が、ムダにならないようにしよう。
　□「**特許願**」の出願の書類のまとめ方の「参考書」になる
　　・先行技術の中に、同じような内容の発明がみつかる。
　　・特許の公報が「特許願」の出願の書類「明細書、特許請求の範囲、要約書」を書くときの「参考書」になる。
　　・各項目に分けて、整理してまとめよう。
　□「**特許願**」の「図面」の描き方の「参考書」になる
　　・「特許願」の「図面」の描き方、要部の名称の付け方、「符号の説明」の書き方、困っていないか。
　　・特許の公報が「特許願」の「図面」の描き方の「参考書」になる。

〔6〕手づくりで、「**試作品**」をつくる
　□ 個人で、「試作品」をつくるハードルは、下がっている。
　□ ３Ｄプリンターがなくても、企業に依頼すれば、むずかしくない。
　□ 大きさ（寸法）を決めて「図面」を、描いて、手づくりで、「試作品」がつくれる。
　□ ○・△・×を付けて、不便なところを確認した。
　□「試作品」がないと生活ができない。

第1章をスタートする前に

□ 何度も、手づくりで、「試作品」をつくり、試行錯誤を繰り返す能力が必要。
□ 多くの場合、最初の「試作品」には、問題点が多い。
　・問題点がみつかる。・問題点を修正する。
□ 信頼して、相談できる人が周囲にいる。

〔7〕目標の売り込み先の会社を、決めている
□ 事業概要（業務内容）を、調べている。
□ 傾向と対策を練った。
□ 知的財産に興味がある会社か、調べた。
□「特許出願中」と書いて、売り込みをする。

〔8〕「特許願」の出願の書類は、自分の力で、まとめたくなる
□「特許、実用新案」につなげる
　人の役に立つ素敵な発明になる。
□「特許願」に必要な書類
　「特許願」の出願の手続きをするときに、必要な書類は、「① 願書、② 明細書、③ 特許請求の範囲、④ 要約書、⑤ 図面」の5つ。
□ 自分の力で、出願の書類にまとめられる。
□「特許願」の「図面」は、描ける。
□「特許願」の「明細書」に、まとめられる。

〔9〕特許庁に出願は、いつの時点で、するのか
□「先願主義」だけど、……、未完成の発明を、急いで出願はしない。
　・出願したあとで、追加、内容の変更ができない。

・出願日の関係で、認められない。制限がある。
□「**出願＝権利＝製品＝商品**」ではない。
　「**好き＝おつきあい＝結婚**」ではない。
□「**製品化＝商品化**」をめざしている。
　・特許庁に出願する前に、「発明学校」で、発表（プレゼン）をしよう。
　・「発明コンクール」に応募しよう。
　・信頼できる会社に相談しよう。

【MEMO・メモ】

第1章をスタートする前に

【まとめ】
　○○の発明が、商品になるポイントは、ここです！
　□に✓をつけてください。

（1）テレビ、新聞などで「○○さんは、○○の発明で1億円儲けた。……」と、いった話が紹介されると、
　□ 自分でも、○○の発明を便利なものに、まとめたい、と思う。
（2）便利な発明・アイデア商品を使ってみて、
　□ 自分でも、工夫して、手づくりで「試作品」をつくってみたい、と思う。
（3）工夫すること、改良することが、大好き、
　□ 思いついたことは、ノート、手帳にメモをとっている。
（4）選んだ発明のテーマ「題目」は、
　□ 経験も、知識も豊富で、得意なテーマ「題目」を選んでいる。
（5）ムダな出願をしないために、先行技術（先願）の情報は、
　□ 「特許情報プラットフォーム（J-PlatPat）」で調べている。
（6）売れている商品の情報は、
　□ インターネットで調べて、発明に関連した情報を集めている。
（7）売り込みをしたい、目標の第一志望、第二志望の会社は、
　□ ○○会社に、決めている。
　　得意な分野をチェックしている。
（8）売り込みをしたい会社について、
　□ 会社のホームページで、事業の内容を確認し、傾向と対策を練った。機能的な部分を追及する会社か、デザインを重視する会社か、調べた。

（9）○○の発明、手づくりで「試作品」はつくれるか、
　□ 手づくりで、「試作品」をつくれる発明をテーマ「題目」に選んだ。
（10）○○の発明、「試作品」は、
　□ 大きさ（寸法）を決めて、「図面（説明図）」を描いて、手づくりで、つくった。
（11）「試作品」、使いやすいか、テスト（実験）の結果は、
　□ ◎ ○ △ × をつけて、不便なところを確認して、さらに、改良した。
（12）創作した発明の「試作品」は、
　□ 自分の家で使って、日々の生活を楽しんでいる。
（13）信頼して発明の相談ができる人は、
　□ いる。いつも、最初に、友人、家族に相談している。
（14）「特許願」の出願の書類を書くのは、
　□ 「自分で書ける。」、「書き方は、やさしい。」と思っている。
（15）「特許願」の費用（特許印紙代）は、
　□ 14,000円だ、と知っている。

　ポイントの□全部に✓がついた人の○○の発明は、商品になる日が近いです。

第1章

なるほど、発明が商品になるヒントは、「頭（脳）」の準備体操から

1. 手提げ紙袋の取っ手は、ずらしている

● ご存じですか、手提げ紙袋の取っ手

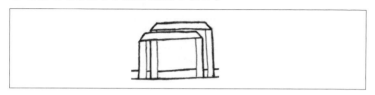

　近くに、手提げ紙袋、ありませんか。
　その手提げ紙袋の取っ手の部分、みてください。
　２本の手提げ紐、ずらしているでしょう。

（１）ずらしているのは、なぜだ、と思いますか⁉
　手提げ紙袋は、２本の手提げ紐をあえて、ずらして貼りつけています。
　紐をずらして貼りつけているのは、製造上のミスではありませんか⁉
　……、といった質問を受けることがあります。
　……、ミスではありません。
　……、「答え」は、「ずらしている」が、○（マル）です。
　正解です。
　「ずれている」は、×（バツ）です。

（２）理由は、手提げ紙袋を平らにするためです。
　手提げ紙袋を重ねたときに、同じ位置に紐がついていると、その部分だけ、膨らんで、かさばります。
　紐をずらして貼りつけておくと、それだけ、高さが低くなります。

第1章　なるほど、発明が商品になるヒントは、「頭（脳）」の準備体操から

　また、梱包するとき、わずかな膨らみが大きな差になります。
　ずらしてあるので、シワになることもありません。
　それで、梱包をコンパクトにできるわけです。
　使い勝手には、何の影響もありません。
　ご安心ください。

（３）結婚式のお礼品の手提げ袋の紐の位置は
　どうなっているのでしょう。
　……、重なっています。
　これから、二人は、幸せ（し合わせ）を重ねていきます。
　また、重なることも多いです。
　少子化問題、いろいろな事情（二畳）があると思います。
　……、が、どうにか、しないと、いけませんよね。
　ここで、私の提案です。
　二畳の和室をつくるのです。
　そして、足し算（＋・和）をするのです。
　「１＋１＝２」じゃないですよ。
　家族がふえて、３にも、４にもなります。
　すると、少子化問題、解決できるかも、……。
　カモン（Come on）です。
　だから、２本の手提げ紐は、重なっています。

◆ **手提げ紙袋の提案は、お金につながる**
　気がついたでしょう。
　この手提げ紙袋の提案は、将来、お金につながるのです。
　たとえば、袋一つで、１円いただいたとします。
　どうなる、と思いますか⁉

とにかく、凄いことになるのです。

みなさん。**お母さん、お袋（おふくろ）さん。**

親孝行してくださいよ。

◆「契約金」と「ロイヤリティ（特許の実施料）」

□ 発明の「契約金」、「ロイヤリティ」は

契約金、ロイヤリティ（特許の実施料）は、発明の内容にもよりますが、平均的にいうと、次のようになります。

□ 契約金

…… 5万〜100万円くらいです。

□ ロイヤリティ（特許の実施料）

…… 2〜5％くらいです。

□ 「洗濯機の糸くず取り具」は、約3億円

「洗濯機の糸くず取り具」は、町（個人）の発明家の第一人者、笹沼喜美賀さんが考えました。

「洗濯機の糸くず取り具」	「フリーサイズの落し蓋」
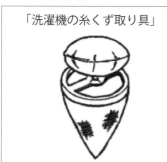	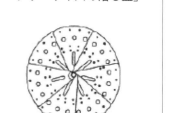

□ 「フリーサイズの落し蓋」は、約6千万円

「フリーサイズの落し蓋」は、主婦の鹿島よし子さんが料理に欠かせない小道具の落とし蓋を1枚で、どのサイズの鍋にも使えるように考えました。

第 1 章　なるほど、発明が商品になるヒントは、「頭（脳）」の準備体操から

2．課題の解決につながる、笑顔の力

● 余談・筆者の楽しい言葉遊び（ダジャレ）
（1）言葉遊び（ダジャレ）で、結婚式のスピーチ

　ある日のこと、原宿の東郷記念館で、教え子の結婚披露宴があり、ご招待いただきました。

　挨拶と乾杯を頼まれて、緊張しながらも、楽しい時間を過ごしました。

　スピーチの内容です。

　新郎、新婦のカップルは、アツアツだ、といいますよね。

　みなさんは、このアツアツの二人の温度、何度か、考えたことありませんか!?

　では、その温度は、何度だ、と思いますか!?

　……、と参列者に問いかけます。

　すると、会場のみなさんが、ウーン、何度だろう。

　……、と考えてくれます。

　……、339 度、と答えてくれる人もいます。

　神前式の儀式の一つ「三々九度（さんさんくど）」です。

　でも、私の「答え」は違います。

　2 人は、とても新鮮です。

　だから、「答え」は、鮮（1000）度です。

　……、何で、鮮（1000）度ですか!?

　……、と質問されます。

　それは、いつまでも、新鮮で、鮮度を保っていただきたいからですよ。

　どうすれば、鮮度を保てますか!?

　いつも、二人で一緒にアツアツのご飯を食べるのです。

また、料理を食べるときは、容器をいっぱい使うでしょう。
だから、いつも、新鮮で、陽気（容器）になれます。
　……、お幸せに！

（2）喧嘩をしたとき、仲直りのコツ

　では、喧嘩をしたとき、仲直りのコツは、ありますか⁉
　ハイ、ありますよ。
　透明なコップ（容器）と、角氷（アイス）を二つ（二個）準備します。
　まず、冷静になることです。
　冷蔵庫の前に行ってください。
　少し、頭を冷やすことが大切です。
　透明なコップ（容器）を持ってください。
　透明なコップの中に、角氷を二つ入れてください。
　テーブルの椅子に、座ってください。
　このコップを二人の間に置いてください。
　コップの中をみつめてください。
　角氷は、何個入っていますか。
　二つ入れたから、**2個（ニコ）**でしょう。
　……、顔がニコ（2個）ッと、なります。
　顔は、1個（イッコ）ですが、自然に**2個（ニコ）**ッ、となります。
　では、角氷をみてください。
　……、とけていきます。
　角氷は、カドがとれて、マルくなります。
　角氷は、コップの中です。
　だから、ウチトケルのです。
　これで、仲直り、できたでしょう。

第1章　なるほど、発明が商品になるヒントは、「頭（脳）」の準備体操から

そして、氷だけに、アイスて（愛して）いるよ。
……、といってください。
喧嘩の原因も、問題がとけ（解け）ます。
氷もとけ（融け）ます。
……、ここで、いやなことは、みんな、水に流しましょう。
透明なコップを使うのは、**みえるか**、が大切です。
めでたし、めでたし、……。

（3）問題・イラストの皿、何に使うか、わかりますか。

ここは、赤ちょうちんのお店（居酒屋）です。
お酒は、何を、飲みますか。
「焼酎」お願いします。
飲み方は、**54** で、お願いします。
ウッと、悩んでしまいます。
飲み方は、ロック「6 × 9（ロック）= 54」です。
おつまみは、どうします。
焼き鳥の串の盛り合わせ「9 × 4（串・クシ）= 36」、お願いします。
すると、さら（皿）に、焼き鳥の串が 36 本も、……。
ワー、大変！

・6 × 9（**ロック**）= **54** です。
・9 × 4（**串・クシ**）= **36** です。
※ **答えは、焼き鳥用の皿**です。

※ 新婚さんは、使わないでしょうね。

3. 大切なものを、よくみていない

いきなりですが、ここで、簡単なテスト（実験）をします。
テーマ「題目」は、いつも、みています。
いつも、使っています。
硬貨です。
硬貨だけに、効果（硬貨）がありますよ。

◆ **大好きな硬貨を一つ選ぶ**

1円玉、5円玉、10円玉、50円玉、100円玉、500円玉、いつも、使っているでしょう。

その中から、大好きな、硬貨を一つ選んでください。

▷ 硬貨をみないで、〇円玉の円を二つ描いてください。
　実物と同じ直径の円ですよ。
　同じ大きさの円（直径）描けましたか!?
▷ 円の中に、表裏の模様（デザイン）を描いてください。
　どうですか。
　……、あらためて、硬貨をみて、確認してください。

〇円か、〇〇円か、〇〇〇円か、いつも、よくみて、使っているのに、……。

描けなかったでしょう。

お金（硬貨）もそうですが、大切なものを、よくみていないのです。

上手く描けなくても、硬貨は、形が〇（マル）です。

だから、硬貨は、「マル・〇」といってくれます。

やさしいです。

マーネ（お金）、といっていますよ。

第1章　なるほど、発明が商品になるヒントは、「頭（脳）」の準備体操から

　このように、私たちは、日常の生活に慣れ親しんでいます。
　だから、多くの人は、日常の生活の習慣に適応しています。
　それで、○○が不便だ、などと思わないのです。
　いつものことです。
　普通に、日常の生活を楽しんでいます。
　ここで、私の提案ですが、聞いていただけますか⁉
　それは、少しだけ、変化をつけていただきたいのです。
　では、ここで、**「なるほど」**小さな思いつきは、簡単だ、といっていただけるように、事例を紹介しましょう。
　たとえば、あなたは、
　▷ 調理をしながら、
　▷ 食事をしながら、
　▷ 洗濯をしながら、
　▷ 仕事をしながら、
　……、毎日のように、ふと、素晴らしい○○の発明を思いついた。
　……、といって、
　▷ ワクワクしていませんか⁉
　▷ 小さな喜びを感じていませんか⁉
　でも、いままでは、その、思いつきを、どうすればいいのか、わからなくて、その場限りで忘れ、捨てていたのです。
　ところが、その思いつきの**「便利グッズ」**には、大変な、財宝、幸運がかくされています。
　だから、これからは、思いついた発明を大事にしていただきたいのです。

4.「ホッチキス」の針の改善・提案

(1)「ホッチキス」は、紙をとじるもの

「ホッチキス」といえば、紙をとじる道具です。

だから、「ホッチキス」は、家庭、学校、オフィスなど、いろいろな場所で、活躍している文房具です。

使うとき、一般的なのが「NO.10」の「針」です。

「NO.10」を使うと、テスト（試験）のとき、点（10）数が、とれるからです。

1個の本数は、「1連＝50本」です。

「ホッチキス」の名称は、普通名称化していて、マックス社を含め、商標に登録された名称ではありません。

それで、地域によっても、「ジョイント」、「ガッチャンコ」、国によっても、「ステープラ」、「クチトリッチ」など、「ホッチキス」は、さまざまな名称で、多くの人に親しまれています。

このように、長年、多くの人に使われている便利な「ホッチキス」です。

でも、使っていて、ウッ、と、思ったことがありませんか。

……、そのときは、改善・提案を活用しましょう。

そうすれば、もっと便利になります。

(2) 小さなことにも、疑問をもとう

みなさんも、その「ホッチキス」で、書類を重ねて綴じたいとき「針」が入ってないことに気がつかず、カラ打ちしたこと、ありませんか。

体験があると思います。

そのとき、課題（問題）を改善すればいいのです。

第1章　なるほど、発明が商品になるヒントは、「頭(脳)」の準備体操から

　そして、職場の、改善・提案を活用するのです。
　そうすれば、課題(問題)を解決する方法は、簡単にみつかります。
　それでは、「ホッチキス」の「針」について考えてみましょう。
　そうか、「ホッチキス」の「針」の残量が一目でわかるように工夫すればいいのか、……。

「図1」

　そこで、「針」に目印(着色)をつけることを考えました。
　このとき、これは、素晴らしい改善・提案だ、と思ってください。
　すると、イキイキした笑顔になります。
　素晴らしいことです。
　職場でも、家庭でも、イキイキして、すべてが、楽しくなります。
　そして、商品になりそうで、大きな夢を、友人、家族に語りかけます。
　また、毎日、ワクワク、ドキドキを体験できます。
　その様子をみて、周囲の人まで、明るくなっています。

(3) 手づくりで「試作品」をつくってみよう

　課題(問題)の解決案として、形がカタカナのコの字型をしている「針」の周囲の一部に、印(着色)をつけてみました。
　それが、残量が少なくなっていることを知らせてくれる目印(着色)になるわけです。

【解答例】解決案・目印（着色）

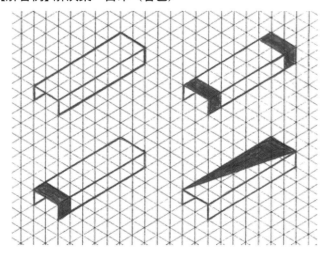

それを、さっそく試してみました。

すると、残量が一目でわかりました。

でも、「ホッチキス」の「針」の入れ方を間違うと、最初、目印（着色）を使ってしまいます。

ここで、わかったことがあります。

課題（問題）を解決する「答え」は、一つではない、ということです。

みなさんには、私が描いた「図面」のように、「ホッチキス」の「針」に、手づくりで「試作品」をつくり、実際に目印（着色）をつけて、試しに、使っていただきたいのです。

ところで、みなさんは、「ホッチキス」の「針」に、どんな目印（着色）をつけたいですか。

では、ここで、「立体三角グラフ用紙」に描いてみましょう。

「針」の「図面」を、キレイに描くことができます。

すると、すぐに、私は、「図面」を描くのは苦手です。

描けません。

……、といってくる人がいます。

大丈夫ですよ。

じつは、「立体三角グラフ用紙」は、とても、不思議な用紙で、だれでも、実物と同じような３Ｄ「立体図」が、短時間で描けるようになります。

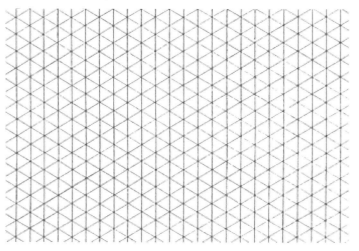

シャープペンシル（鉛筆）で、「立体三角グラフ用紙」の三つの方向の線をなぞるだけで、３Ｄ「立体図」が描けます。

実物と同じような３Ｄ「立体図」が、簡単に描けます。

……、どうですか。

すごいでしょう。

感動していただけると思います。

顔を鏡でみてください。

自分の顔が輝いているのが確認できますよ。

※ **３Ｄ**（スリーディー）は、「three dimensions」の略語で、「幅、奥行、高さ」がある画像の立体「３次元」の意味です。

5. 研究を続ければ、発明は、商品になる

● いま、○○の発明の「実力(レベル)」は

▷ ○○の発明のスタートライン

○○の発明のスタートラインは、恋愛なら、○○さん、「大好き」と意識したときです。

▷ 初恋の温度

…… ところで、初恋のとき、熱くなったと思います。

そのときの温度は!?

初恋は、一度だけです。

だから、答えは、1度です。

◆ 料理は、だれでもつくれる

料理は、だれでもつくれます。

だから、料理が大好きな人は、大好きな人に、美味しい料理を食べていただきたい、と思っています。

それで、料理を上手につくりたくて、レシピの研究をします。

そして、上手くできて、自然に、笑顔になります。

たとえば、小学生のころ、キャンプ場などで、料理をつくる体験学習で、カレーライスづくりに、チャレンジしたでしょう。

そのとき、美味しくできた、カレーライスを食べました。

あの感激、いまでも、覚えている、……、と思います。

そういったことを体験して、料理に興味を持ちます。

▷ すると、もっと、美味しくつくりたい。

▷ 多くの人に美味しい。

……、といって、いただきたい、と思うでしょう。

その中で、プロを、めざす人は、さらに、研究を続けます。

第1章　なるほど、発明が商品になるヒントは、「頭（脳）」の準備体操から

　今度は、夢中になって、料理の学習をスタートします。
　そして、何度も、チャレンジをしながら、完成度の高いものを、求めるようになります。

◆ ○○の発明なら、すぐに、「お母さん」の「料理」の
「実力（レベル）」になる
　○○の発明は、商品になります。
　それを、実現させるために、私が教えたいことがあります。

◆ 発明と、「カレー」のはなし
　突然ですか、質問をさせてください。
　ここで、「小学生」、「中学生」、「高校生」、「お母さん」に、同じ食材を使って「カレー」をつくってくださいと、お願いしました。
　たとえば、みなさんは、
▷ 500円払って、だれがつくった「カレー」を食べたいですか。
　多くの人が、
▷ 「お母さん」がつくった「カレー」を食べたい。
……、と、答えるでしょう。
　では、いま、あなたの発明の「実力（レベル）」と、「お母さん」がつくった「料理」の「実力（レベル）」を比べていただきたいのです。
　あなたの発明を応援してくれる人は、多いですか。
　いま、夢中になっている○○の発明、「お母さん」の「料理」の「実力（レベル）」になっていますか!?
……、ハイ、大丈夫です。

それなら、すぐに、商品になります。
テーマ「題目」を選ぶポイントは、「**大好き**」です。
□ 大好きで、得意な分野の中から選ぶことです。
□ ○○の発明は、ニーズ（需要）があります。
□ ○○の発明は、世の中に、役に立ちます。

◆**「商品化率」を高めるのは、あなた、自身の考え方**

　私は、いつも、町（個人）の発明家が、効率よく、活動を実行していただきたい、と思っています。
　まず、一つ、○○の発明を商品にしていただいて、自信をつけていただきたいのです。

◆**「商品化率」は、女性のほうが高い**

　職場とはいえないかもしれませんが、家庭用品の分野で、○○の発明が商品になった人は、筆者のデータでは、女性のほうが「商品化率」は、高いです。

◆**「商品化率」が、高い理由**

　それは、
　▷ 長い経験の中から、不便や困ったことをみつけています。
　▷ その課題（問題）を、自分の力で、解決しています。
　……、だからです。
　そうはいっても、職場以外で、自分に経験のないところにも、発明のテーマ「題目」は、ころがっています。
　また、それが、気にもなります。
　そういったところに、素晴らしいヒントが、かくれています。

第1章 なるほど、発明が商品になるヒントは、「頭（脳）」の準備体操から

6. 発明をあらわす「図面」は、少ないほうがいい

● 平面図形（図1、図2）と立体図形（図3、図4）
を比べてみよう

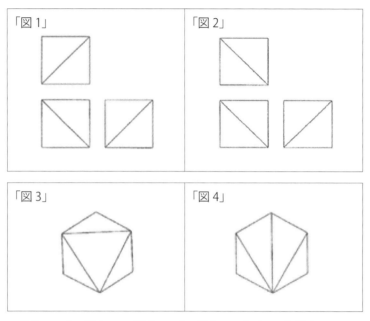

「図1」と「図3」、「図2」と「図4」をみてください。

それぞれ同じ物品の形をあらわしています。

「図1」と「図2」の平面図形の「図面」は、「正面図・平面図・側面図」の「情報」が3つあります。

「正面図」……物品を真正面からみて描いた図です。

「平面図」……物品を真上からみて描いた図です。

「側面図」……物品を真横からみて描いた図です。

「情報」が3つあるのに、その形がすぐにはピンとこないでしょう。

また、この「図面から、立体的な形、想像できますか。

物品の3D「立体図」、描けますか。

「図3」と「図4」の立体図形の「図面」は「正面図・平面図・側面図」の三つの「情報」を一つにまとめています。

だから、だれにでも、すぐに、立体的な形がわかります。

◆「表彰台」の立体図形と平面図形

立体図形は、「情報」は一つです。

平面図形は、「正面図・平面図・(右) 側面図」の「情報」が三つあります。

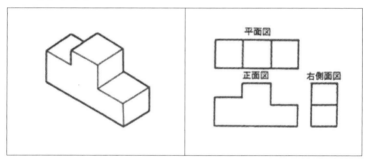

立体図形の「情報」は一つです。

それでも、形は、すぐに、わかります。

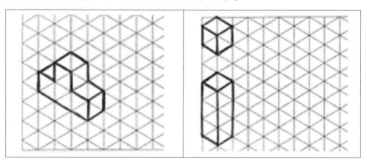

第1章　なるほど、発明が商品になるヒントは、「頭（脳）」の準備体操から

　話が、脱線しますが、「表彰台」の言葉遊び（ダジャレ）です。
　みなさん、「表彰台」は、上段（冗談）が好きです。
　一番です。「立方体＋角棒」でビックリです。
　金メダルです。

（１）物品の立体的な形が、すぐにわかる
　形が、すぐにわかります。
　それが、３Ｄ「立体図」です。
　みるほうは、すごくラクです。
　このように、製図を知らない人には、３Ｄ「立体図」は、都合のいい「図面」です。
　見取り図、斜面図とも、いわれています。
　特許の「図面」では、**斜視図（しゃしず）**と、呼んでいます。

（２）「斜視図」で、立体的に、「図面」をあらわす
　製図のことを全然知らない子どもでも、すぐに、立体的な形がわかります。
　それが、「斜視図」で、立体的に、「図面」をあらわすことです。
　「斜視図」は、立体的に、物品の形をあらわしているから、だれでも、形がわかります。
　すると、たとえば、子どもは、すぐに、プラモデルを、組み立てることができまです。
　「図面（斜視図）の描き方」の参考図書は、拙著『３Ｄ「立体図」作画の基礎知識』（日本地域社会研究所刊）、『３Ｄ「立体図」は伝えるチカラになる』（同）などがあります。

【練習用】

【MEMO・メモ】

第2章

なるほど、
「特許願」を、自分の力で
まとめられる発明は、
商品になる

1.「契約金」と「ロイヤリティ」

● 大好きな○○の発明の「評価」が気になる

先生、発明の「評価」が、気になります。

教えていただけませんか!?

○○の発明、いったい、どれくらいの条件で、契約していただけるのでしょうか!?

……、と、いったことを、町（個人）の発明家が質問してきます。

町（個人）の発明家は、なるべく、高い条件で、契約をしていただきたい、と思っているからです。

会社の担当者は、なるべく、安く、採用して、契約したい、と思っています。

町（個人）の発明家も、会社の担当者も、お互いに、都合のいいように考えています。

それで、いいと思います。

●「洗濯機の糸くず取り具」は、約3億円

伝説化した素晴らしい発明の「洗濯機の糸くず取り具」は、町（個人）の発明家の、笹沼 喜美賀さんが発明しました。

「洗濯機の糸くず取り具」は、会社に採用していただき、商品になりました。

笹沼さんが、いただいた、**お金「ロイヤリティ（特許の実施料）」**は、**約3億円**です。

「洗濯機の糸くず取り具」を発売して、2年目に、当時の松下電器の洗濯機に、一つずつ、つけていただけることになりました。

ここだけで、月に、約 15 万個も、売れたのです。
　まさに「社外の発明（アイデア）」を採用して、ヒット商品を生んだ好例です。
　□「契約金」
　「契約金」は、普通、5 万〜 100 万円くらいです。
　発明の契約をするときに、支払って、いただけるのが、「契約金」です。
　「洗濯機の糸くず取り具」は、0（ゼロ）円でした。
　それでも、商品は、よく売れました。
　□「**ロイヤリティ（特許の実施料）**」
　「ロイヤリティ（特許の実施料）」は、売り上げに応じて、2 〜 5 ％いただけます。
　あまり欲張らないでください。
　商品にしていただけることに感謝しましょう。

◆ **長く語りつがれている「洗濯機の糸くず取り具」**
　私は、40 数年、発明の仕事をしています。
　いまでも、テレビ、新聞などで、発明の取材のときには、「洗濯機の糸くず取り具」の話がでます。
　その当時、いただいた、お金「ロイヤリティ（特許の実施料）」が、すごかったからです。

● **特許出願中でも、契約ができて、商品になる**
　「特許願」は、出願の手続きをすれば、「**特許出願中**（Patent Pending）」でも、○○の発明の売買の契約ができます。
　嬉しいでしょう。
　特許は、町（個人）の発明家に、やさしい法津です。

だから、「特許願」の出願の手続きと同時でも、発明を採用し、契約をして、商品にしていただけるのです。

◆「**特許出願中**」と、手紙に書いて、売り込みをする
　○○の発明の内容を「特許願」の出願の書類にまとめたら、すぐに、目標の第一志望、第二志望の会社に、○○の発明、特許出願中です。
　……、と手紙を書いてください。
　そして、会社に売り込みをするのです。
　すると、「特許願」の出願の手続きをしていないのに、大丈夫ですか、……、といって、気にする人もいます。
　発明の権利をとることは、とても、大切なことです。
　気になっているでしょう。
　ところが、売り込みをした発明、そのままでは、商品にしていただけないのです。
　だから、「出願＝権利」でも、「出願＝権利＝商品化」でもないのです。
　会社は、○○の発明を、商品にしても、売れないと困ります。
　それで、企画、開発の担当者が、市場性があるか、調べて、物品の形状、構造の一部に、改良を加えるのです。
　今度、商品を買うときに、パッケージを、みていただきたいです。
　一部の商品に、**特許出願中「PAT．P」**（※）と、表示されています。
　特許出願中でも、商品になっているのです。

　※「**PAT.P**（Patent Pending）」は、「特許出願中」という意味です。

2. 人の役に立つ発明だから、商品になる

● **手づくりで、「試作品」をつくることで、悩みもなくなる**

　笹沼さんは、ムリをせず、お金を使わなくて、手づくりで、「洗濯機の糸くず取り具」の「試作品」をつくりました。

　そのとき、「試作品」の材料は、身近にあるものを使ったそうです。

　手づくりで、「試作品」をつくった、「洗濯機の糸くず取り具」の発明は、採用されました。

　そして、商品になりました。

　……、ここで、一つ学べたでしょう。

　その理由は、大好きで、知識も豊富で、得意な分野の中から、テーマ「題目」を選んだからです。

　だから、発明をまとめる途中で、課題（問題）がみつかっても、大丈夫です。

　その都度、自分の力で、判断をして、改良できるでしょう。

◆ **大好きなテーマ「題目」を選ぶと、得意だから、**
　手づくりの「試作品」も、上手くつくれるようになる

　笹沼さんは、
　▷ 大きさ（寸法）を決めて、「図面」を描いたのです。
　▷ 手づくりの「試作品」をつくったのです。

　でも、「試作品」は、最初、上手くつくれませんでした。

　……、だれだって、そうです。

　手づくりでも、「試作品」は、一試作ごとに、上手に、なります。

そして、手づくりで「試作品」を使ってみたのです。
▷ テスト（実験）をしたのです。
▷ 便利になったか、「発明の効果」を確認したのです。
満足できない部分は、さらに、改良を加えたそうです。

◆ 選んだテーマ「題目」は、大好きか、見直そう
　目標の会社に売り込みをすればわかる
　〇〇の発明の売り込みをしても、採用していただけない。
……、とグチをいう人がいます。
……、そうですか⁉
……、それでは、テーマ「題目」を、見直してください。
　大好きで、知識が豊富で、得意な分野の中から、選ぶと、一気に、楽しくなりますよ。
　超有名な「洗濯機の糸くず取り具」は、多くの本に、町（個人）の発明家の成功事例として、紹介されています。
　笹沼さんが、成功された、「洗濯機の糸くず取り具」は、発明した数の十数件目だったそうです。
　その過程を、笹沼さんから聞きました。
　笹沼さんは、大好きなテーマ「題目」を選びました。
　発明を楽しんで、手づくりで「試作品」をつくったときの様子を、次のように、説明していただきました。
　洗濯機で、下着、白のワイシャツ、セーター、などを洗いました。
　よくみると、糸くずが浮いていました。
　それを、うどんをすくいとるように、網袋で、すくいとったら、上手くとれるだろう。
……、と思ったのです。

それで、
▷ ストッキングを輪切りにして、尻を結びました。
▷ それに、柄をつけました。
……、これで、手づくりの、「糸くず取り具」の「試作品」ができたのです。

● 「試作品」で、商品になるか、判断もできる
「図面」は、「洗濯機の糸くず取り具」です。
「図1」は、「試作品」の斜視図です。

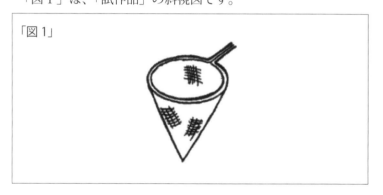
「図1」

「図2」は、枠に吸盤をつけた斜視図です。

「図2」

「図3」は、支軸の取りつけ穴に小さな浮袋をつけた「糸くず取り具」の斜視図です。

「図3」

◆「試作品」で、テスト（実験）をして、完成させよう

洗濯機で、靴下を洗濯しました。

そのとき、手づくりの、「試作品」を使って、試してみました。

うどんをすくいとるように、浮いた糸くずを、何度も、何度も、すくいとりました。

……、ある日、疲れて、その手を止めていました。

すると、浮いた糸くずは、水の流れにしたがって、網袋の中に流れこんでくるのです。

ハッと、しました。

それから、網袋を洗濯機に、とりつけたのです。確認してみると、自然に、糸くずがとれたのです。

テスト（実験）の結果、それが、わかったのです。

そして、笹沼さんの、「洗濯機の糸くず取り具」は、商品になったのです。

3. 商品にするために確かめることがある

● 課題が残っていないか、確かめよう

▷ 発明を思いついただけでは、会社は、採用も、契約も、していただけません。

▷ 大きさ（寸法）を決めて、「図面」を描いてください。

▷ 手づくりで「試作品」をつくり、示してください。

▷ 課題（問題）も、改良するところも、ハッキリします。

▷ テスト（実験）をして「発明の効果」を確認することです。

▷ ○○の発明の課題（問題）を解決すれば、洗練され、ポイントも、明確になります。

◆ ○○の発明に関連した「情報」を集めること
（1）○○の発明に関連した「情報」を集めよう

○○の発明の芽をのばすためには、課題（問題）に関して、「情報」をたくさん集めることが第一歩です。

そうです。

すでに、

▷ 商品になっていないか。

▷ 販売されていないか。

……、調べるのです。

販売されている商品は、Yahoo（ヤフー）、Google（グーグル）などで検索できます。

そのとき、

▷ どんな商品が売れているか。

▷ どんな機能がポイントか。

▷ 価格は、○○○円か、などの、「情報」が集まります。

(2) 商品の売り場を探訪しよう

「情報」は、発明に関連した専門店、量販店、ホームセンター、デパート、スーパーなど、いろいろなお店へ行って、集めてください。

商品の市場の調査をかねて、売り場を探訪するのです。

(3) 売れている商品を、チェックしよう

▷ 物品の形状、構造（しくみ）
▷ 大きさ（寸法）
▷ 材質
▷ 色彩
▷ パッケージ
▷ 価格
▷ 会社名

など、をチェックしましょう。

(4) 一番売れている商品、「市場性」がわかる

▷ 価格は、○○○円か、などの、「情報」が集まります。
▷ いま、一番売れている商品もわかります。
▷ ○○の発明の「市場性」がわかります。

情報の集め方は、118 〜 119 ページに具体的に解説しました。参考にしてください。

● **先行技術は「特許情報プラットフォーム」で集まる**

先行技術の「情報」は、「**特許情報プラットフォーム（J-PlatPat）**」で、調べます。

「情報」が、いっぱいつまっています。

○○の発明に関連した「公報」がみつかります。

無料で、利用できて、一番、活用できることがわかります。

▷「**特許情報プラットフォーム（J-PlatPat）**」は、「特許の図書館（library）」です。

▷「**特許情報プラットフォーム（J-PlatPat）**」は、「特許の辞書（dictionary）」です。

（1）特許の「公報」は、出願の書類にまとめる「参考書」

▷ **先行技術の「情報」**

「情報」が、いっぱいつまっています。

▷**「明細書」の書き方**

「明細書」の形式、書き方がよくわかります。

▷**「図面」の描き方**

「図面」の符号のつけ方などで、悩まなくても大丈夫です。

「図面」をみただけで、○○の発明のイメージがつかめる描き方がわかります。

発明のポイントをあらわす、「図面」の描き方がわかります。

（2）売り込みをしたい会社がみつかる

発明の売り込みをしたい、目標の会社、決めていますか。

……、まだですか。

それでは、先行技術を調べながら、

▷ 会社で出願しているところをチェックするのです。

▷ ○○の発明に、興味をもっている会社です。

▷ 新商品を開発するために、熱心に取り組んでいる会社です。

▷ 発明に、理解がある会社です。

……、売り込みをしたい会社がみつかります。

「特許情報プラットフォーム」での先行技術の集め方は、120ページに詳しく解説しましたので、ご参考に。

◆「情報」を整理して、まとめれば、「明細書」ができる

一番の「参考書」は、特許の「公報」です。

最初、「公報」の「図面」を、参考にしながら、

▷ 従来（いままで）の課題（問題）は、

▷ 工夫したところは、

▷ 心をこめて、手づくりで、「試作品」をつくるのです。

▷ 便利になったか、

▷ 他の人（第三者）にお願いして、

▷ テスト（実験）をして、

▷ 「発明の効果」を確認するのです。

……、箇条書きでいいです。

集めた発明の内容「情報」を「明細書」の形式に整理して、まとめるのです。

本気度、100パーセント、だしてください。

ムリをしなくても、自然にできますよ。

○○の発明、大好きでしょう。

もう少しです。

がんばりましょう。

その結果、○○の発明は、商品になるのです。

第2章　なるほど、「特許願」を、自分の力でまとめられる発明は、商品になる

4.「発明発表オーディション」で、発明を育てよう

● 全国各地に、約30カ所ある「発明学校」

「発明学校」は、一口でいうと、幼稚園、保育園です。

初歩の町（個人）の発明家が楽しく、特許などの知的財産権の取り方、生かし方の学習をするところです。

「発明学校」は、「東京発明学校」が昭和28年に誕生したのが、始まりです。

東京都が後援している東京発明研究会「東京発明学校」（校長　中本繁実、〒162-0055 東京都新宿区余丁町7番1号）は、毎月、第三土曜日（13時〜16時30分）に開校しています。

発明の「売り込み（プレゼン）」コーナーの「発明発表オーディション」が中心です。

発明に関する講義、企業の講演なども聴けます。

◆「東京発明学校」に参加して、発明を育てよう

町（個人）の発明家は、一日も早く、○○の発明を商品にしていただきたいのです。

それで、企画、名案が浮かぶたびに、積極的に「東京発明学校」に参加して、○○の発明を発表しています。

それで、家族、先輩、知人に、相談をします。

たとえば、○○の企画は、どうでしょうか。

こうすれば、きっと、当たると思うのですが。

こんなやりとりをしているうちに、自分の考えている企画の反応を、相手から読みとることもできるようになります。

相談をすれば、いいところばかりでなくて、課題（問題）も指摘していただけます。

ときには、いい知恵、商品になるヒントを教えていただけます。
　そして、自分だけの独りよがりの発想も、他の人(第三者)の目を通すことで、全体がみえてきます。
　その中に、先輩たちが大反対する企画もでてきます。
　それでも、どうしても、自分でやりたい、と思うならば、それは、有望かもしれません。
　そういうときは、チャレンジするのです。
　それだけの価値があります。

◆ 前向きな「情報」、「意見」の交換ができる

　「発明学校」は、どんな学習をしているのでしょうか。
　それは、その地域の「発明学校」によって、多少、内容「情報」や時間は、違いますが、大体は同じです。
　講師の先生や集まった人たちが、意見の交換をしあいます。
　その発明を商品にするために、積極的に協力しあう学習の場が「発明学校」です。

●「洗濯機の糸くず取り具」を発表した

　笹沼さんは、洗濯をしているとき、水中にただよったり、浮いている糸くず、綿ぼこりを、洗濯をしている間に、自動的に取り除く、「洗濯機の糸くず取り具」を考えました。

　笹沼さんは、心をこめて、手づくりで、「試作品」を、何度も改良をくりかえしながら、発明を完成させて、それを、「明細書」の形式にまとめたそうです。

笹沼さんは、
▷ 大きさ（寸法）を決めて、「**図面**」を描きました。
▷ 手づくりで、「試作品」をつくりました。
▷「試作品」を使って、テスト（実験）をしました。
▷ 本当に、洗濯をしている間に、糸くずが上手くとれるのか、「発明の効果」を確認して、
▷ その結果を、◎・○・△・×をつけて、まとめました。

そして、課題（問題）は、その都度、満足するまで、心をこめて、「試作品」に改良を加えたのです。

その結果、商品にしていただいて、お金「ロイヤリティ（特許の実施料）」になったのです。

◆**「発明発表オーディション」のコーナー**

○○の発明の「発明発表オーディション」のコーナーには、毎回、10件の申し込みがあります。

10件の発明の発明者が順番に発表していきます。

一人の発表時間は、7分です。

たとえば、次のような形で進行しています。

―――

[**司会者**]

笹沼さんの発明の発表です。

「発明の名称」は、「洗濯機の糸くず取り具」です。

「図面」は、「洗濯機の糸くず取り具」の「斜視図」、「分解斜視図」です。

みなさん、聞いてください。

「洗濯機の糸くず取り具」の「図面」

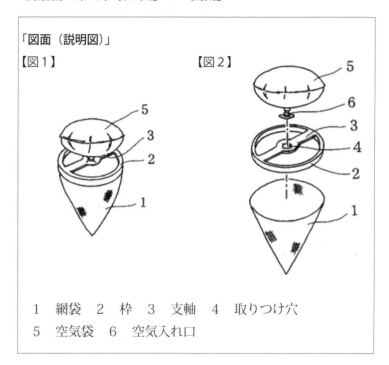

「図面（説明図）」
【図1】　　　【図2】

1　網袋　2　枠　3　支軸　4　取りつけ穴
5　空気袋　6　空気入れ口

[発表者]

「図面」をみてください。

「技術分野」の説明です。

　本発明は、洗濯中に洗濯機内の水中にただよう糸くず、綿ぼこりを自動的に取り除くようにした、「洗濯機の糸くず取り具」です。

「発明が解決しようとする課題」の説明です。

　これは、次のような欠点があった。

（イ）洗濯物を洗って干すとき、衣類、黒色の靴下などの表面に点々と糸くず、綿ぼこりが付着していました。

それが目立ち、見苦しかったです。
(ロ) 洗濯物を干したあとで、片付けるとき、衣類に付着した糸くず、綿ぼこりを、一つひとつ手で取り除いていました。これは、きわめてわずらわしい作業でした。
(ハ) 衣類の生地を傷める原因にもなっていました。
「課題を解決するための手段」 の説明です（図2）。
網袋（1）の開口部に、枠（2）を設けました。
枠（2）に支軸（3）を設け、支軸（3）の中央に取りつけ穴（4）を設けました。
空気袋（5）に空気入れ口（6）を設けました。
空気袋（5）を支軸（3）に取りつけました。
すると、その課題（問題）を解決できました。
こんなに便利になりました。

発明の発表は、こんな調子です。
発明者は、手づくりの「試作品」、「図面」、写真などをみせて、発明のセールスポイントなどを説明します。
その間、約4分です。

[司会者]
いま、発表していただいた、「洗濯機の糸くず取り具」について、何か、質問はありませんか。
[参加者]
私も、困っていました。
……、手づくりの「試作品」が上手で、とても感心しました。
[参加者]
うまい案だ、と思います。

手づくりの「試作品」、素晴らしいです。
［司会者］
　講師の方に、お伺いしますが、「洗濯機の糸くず取り具」、いかがでしょうか。
　特許などの権利がとれるでしょうか⁉
［講　師］
　機能的な形（物品の形状）がポイントです。
　だから、特許の権利がとれるでしょう。

　……、などのやりとりが行なわれます。
　そのやりとりを聞いているだけで、生きた「発明（アイデア）」の学習ができます。
　こうして、今日の発表「10件の発明の売り込み（プレゼン）」が全部終了します。
　以上が「発明発表オーディション」の様子です。

［司会者］
　今日、発表された発明の中で、一番だ、商品になる、と思った発明に投票してください。

　みんなで、投票用紙に番号を書いて、投票します。
　そして、一番票数が多かった人に、楯（または、トロフィー）と「**トップ賞**」の賞状、「**審査員特別賞**」の賞状が贈られます。

◆「東京発明学校」のプログラム・発表用紙
　もっと詳しく知りたい人は、「発明学校」の資料をごらんください。

第2章　なるほど、「特許願」を、自分の力でまとめられる発明は、商品になる

　「東京発明学校」の資料が必要なときは、お手数をかけますが、本書を読んだ、と書名を書いて、〒162-0055　東京都新宿区余丁町7番1号 一般社団法人 発明学会「東京発明学校」係 中本 繁実 あて、返信用（住所・氏名を書いた）の封書、または、あて名を印刷した返信用のシールと、送料、手数料として、110円の切手×6枚を同封し、請求してください。

　本の感想、一言、書いていただけると嬉しいです。

　「東京発明学校」の発表用紙の書き方、発表の仕方の説明書をプレゼントいたします。

　他にも、機関誌「発明ライフ」などをプレゼントさせてください。

◆ **積極的に時間をつくり、内容「情報」をまとめよう**

　心を豊かにして、楽しくて、笑顔で、前を向いて歩きましょう。

　▷ 関連の「情報」を調べました。

　▷ 大きさ（寸法）を決めて、「図面」を描きました。

　▷ 手づくりで、「試作品」をつくりました。

　▷「発明の効果」を確認しました。

　次は、「特許願」の出願の書類の形式に、整理してください。簡単にまとまります。

　だから、書類を書く時間がない、のではなく、積極的に時間をつくり、チャレンジしましょう。

　お手伝いさせていただきますよ。

　ここまで、できたら、積極的に、目標の会社に、売り込みをしましょう。

5.「特許願」に必要な出願の書類は

● 「明細書」の書き方は、「手紙」と同じ要領でまとめられる

「特許願」に、必要な書類は、「**願書**」、「**明細書**」、「**特許請求の範囲**」、「**要約書**」、「**図面**」です。

○○の発明の内容を説明する書類です。

「明細書」は、「特許願」の出願の書類の中で、町（個人）の発明家が、一番書くのが大変だ、と思っている書類です。

ところが、書いてみてください。

「情報」を整理して、まとめるだけなので、案外とやさしいことがわかります。

本当に簡単にまとまります。

だから、実際に「**明細書**」を書いてみましょう。

……、と、いっても、どのように「**書き出し**」を書いていいのか、正直、悩むでしょう。

たとえば、「**手紙**」を書いたことのない、子どもと同じです。

では、お友達に、誕生会のお知らせの「手紙」を書くときを想像してください。

親は、子どもに、「手紙」の書き方、具体的な「文の流れ」を教えるでしょう。

最初に、「**拝啓**」と書いて、

次は、「**時候見舞い**」を書いて、

それから、「**私の誕生祝いのご招待の案内です。**」……、と書いて、

「**日時、場所など（用件）を……**」詳しく書いて、

「**よろしくお願いいたします。**」と書いて、

「まずは、ご案内まで、」と書いて、

そして、最後に、**「敬具」**と結ぶのよ、……。

そして、親子で、一緒に書く、と思います。

「明細書」の書き方をこれから説明します。

一緒に書いてみましょう。

● ○○の発明に関連した「情報」を、たくさん集める

先行技術は、**「特許情報プラットフォーム（J-PlatPat)」**で、調べることです。

大好きで、知識が豊富で、得意な分野の中から、テーマ「題目」を決めたでしょう。

「1人・1テーマ・1研究」をするのです。

そうすると、多くの人が不満に思っていることが、よくわかります。

一方では、自分の力を知ることもできます。

力のおよばないものは、自分の力、知識を高めるのです。

その学習（研究）の結果が、お金「ロイヤリティ（特許の実施料)」につながるのです。

◆ 自分の力で「特許願」の出願の準備をしよう

発明がムダにならないように、すでに、「先行技術」がないか、**「落第発明」**じゃないか、調べるのです。

そして、同じものがなければ、「特許願」の出願の書類を書いて、出願の準備をしましょう。

本書を読んでいるうちに、いろいろな発明が生まれてくるでしょう。

また、特許をとりたい、と思った人もいるはずです。

そのときは、○○の発明を、「特許願」の出願の書類にまとめて、出願の手続きの準備をしましょう。

もし、だれかが、同じ発明を出願してしまえば、先に出願した人のものになるからです。

したがって、○○の発明の権利を守りたい、○○の発明を商品にしたい、と思ったら、特許庁に「特許願」の出願の手続きをすることが必要です。

◆ **自信がある分野のテーマ「題目」を選んで楽しもう**

一番、得意で、自信があるテーマ「題目」を選んでください。

専門的な知識が豊富です。

また、十分な経験もあるハズです。

○○の発明をまとめるとき、悩まなくても、大丈夫です。

だから、

▷ 大好きなテーマ「題目」です。

すぐに、まとめられます。

自信があるでしょう。

▷ 課題（問題）の分析、解決が簡単にできるでしょう。

▷ お金をかけなくても、手づくりで、「試作品」もつくれるでしょう。

▷ テスト（実験）の結果も、すぐに、確認できるでしょう。

◆ **○○の発明を一番理解しているのは、発明者のあなた**

「特許願」の出願の書類は、自分の力で、書けます。

それは、○○の発明の内容を一番理解しているのは、発明者のあなただからです。

第2章　なるほど、「特許願」を、自分の力でまとめられる発明は、商品になる

　だから、出願をしたいときは、自分の力で、「特許願」の出願の書類を書きましょう。

　「特許願」の出願の書類は、形式が決まっています。

　その形式に、それぞれの項目の内容「情報」を、その項目に、あてはめるだけです。

　次のような、項目です。

　【発明の名称】、【技術分野】、【背景技術】、【先行技術文献】【特許文献】【特許文献1】、【発明の概要】【発明が解決しようとする課題】、【課題を解決するための手段】、【発明の効果】、【図面の簡単な説明】、【発明を実施するための形態】、【符号の説明】です。

　詳しい内容は、これから、順番に説明いたします。

　発明の内容を説明する要領で、「特許願」の出願の書類に、まとめることができます。

　……、少し練習をしましょう。

　すると、自分の発明を、自分の力で、「特許願」の出願の書類にまとめることができるのです。

　ただ、書き落としがあったら、困ります。

　だから、初歩の人は、内容の説明で、気になるところは、詳しく書くことです。

　出願は、14,000円（出願料）の実費で、できます。

◆ **「発明貧乏」、「出願貧乏」になってはいけない**

　専門家に頼むと、手数料のお金が大変です。

　町（個人）の発明家の人が、1件、また、1件、発明を考えるたびに、お金をつかっていたら、儲けるどころか、**「発明貧乏」**、**「出願貧乏」**になってしまいます。

6.「洗濯機の糸くず取り具」の「特許願」

● だれでも、○○の発明を利用できるようにまとめよう

それでは、ヒット商品になった、成功事例「洗濯機の糸くず取り具」は、発明の内容を、どのように、まとめたのか、一緒に研究しましょう。

ワクワクしながら、練習しましょう。

そして、書いてみましょう。

いまは、あなたの○○の発明を商品にして、お金「ロイヤリティ（特許の実施料）」にするための準備です。

本書の説明では、「……、です。」、「……、ます。」調で、書いています。

特許庁（〒100-8915 東京都千代田区霞が関3-4-3）に、提出する「**特許願**」の「**書類の書き方**」は、「……である。」調です。

書き方の見本も、「**……である。**」調で書きます。

「特許願」の書き方は、**1行、40字詰め、1ページは、50行以内で、横書き**です。

紙面の都合上、本書で説明する各種書類の形式が規則（特許法施行規則）どおりになっていません。
あらかじめご了承ください。

【MEMO・メモ】

第2章 なるほど、「特許願」を、自分の力でまとめられる発明は、商品になる

(1)「洗濯機の糸くず取り具」の「願書」

＜特許印紙　例：(10,000円×1枚) ＋ (1,000円×4枚)＞

（14,000円）

【書類名】　　　　　特許願
【整理番号】　　　　P－2025－01
【提出日】　　　　　令和7年○月○日
【あて先】　　　　　特許庁長官　殿
【国際特許分類】
【発明者】
　【住所又は居所】　○○県○○市○○町○丁目○番○号
　【氏名】　　　　　○○　○○
【特許出願人】
　【識別番号】
　【住所又は居所】　○○県○○市○○町○丁目○番○号
　【氏名又は名称】　○○　○○
　【電話番号】　　　○○－○○○○－○○○○
【提出物件の目録】
　【物件名】　　　　明細書　　　　　　　　1
　【物件名】　　　　特許請求の範囲　　　　1
　【物件名】　　　　要約書　　　　　　　　1
　【物件名】　　　　図面　　　　　　　　　1

(2)「洗濯機の糸くず取り具」の「明細書」

【書類名】　　　　明細書
【発明の名称】　洗濯機の糸くず取り具
【技術分野】
　【0001】
　本発明は、洗濯中に洗濯機内の水中にただよう糸くず、綿ぼこりを自動的に取り除くようにした、洗濯機の糸くず取り具に関するものである。
【背景技術】
　【0002】
　従来の洗濯機は、性能はよくなったが、下着、白のワイシャツ、下着、セーターなどを洗ったとき、糸くず、綿ぼこりまで、吸い取ってしまうようになった。
　その結果、衣類からでた、糸くず、綿ぼこりが、水中をただよったり、浮いてしまう（特許文献1参照）。
【先行技術文献】
　【特許文献】
　【0003】
　【特許文献1】　特開○○○○－○○○○○○号公報
【発明の概要】
　【発明が解決しようとする課題】
　【0004】
　これは、次のような欠点があった。
（イ）洗濯物を洗って干すとき、衣類、黒色の靴下などの表に点々と糸くず、綿ぼこりが付着していた。

それが目立ち、見苦しかった。
（ロ）洗濯物を干したあとで、片付けるとき、衣類に付着した糸くず、綿ぼこりを、一つひとつ手で取り除いていた。
　これは、きわめてわずらわしい作業であった。
（ハ）衣類の生地を傷める原因にもなっていた。
　本発明は、以上のような欠点をなくすためになされたものである。
　【課題を解決するための手段】
　【０００５】
　網袋（１）の開口部に、枠（２）を設け、枠（２）に支軸（３）を設け、支軸（３）の中央に取りつけ穴（４）を設け、空気袋（５）に空気入れ口（６）を設け、空気袋（５）を支軸（３）に取りつける。
　本発明は、以上の構成よりなる洗濯機の糸くず取り具である。
　【発明の効果】
　【０００６】
（イ）洗濯機の中に、本発明品を浮かせておくだけで、糸くず、綿ぼこりを自動的に取り除くことができる。
（ロ）衣類の生地を傷めることもなくなる。
（ハ）空気袋（５）をふくらませると大きくなるが、空気を抜くと小さくなり、大きさを自在にできるので、輸送と保管が便利である。

【図面の簡単な説明】
　【０００７】
　　【図１】　本発明の斜視図である。
　　【図２】　本発明の分解斜視図である。
【発明を実施するための形態】
　【０００８】
　以下、本発明の実施をするための形態について説明する。

　細かい網目からなる円すい状の網袋（１）の開口部に、枠（２）を設ける。

　枠（２）に支軸（３）を設ける。

　支軸（３）の中央に取りつけ穴（４）を設ける。

　空気袋（５）に空気取り口（６）を設ける。

　空気袋（５）を支軸（３）に取りつける。

　本発明は、以上のような構造である。

　本発明を使用するときは、空気入れ口（６）から空気袋（５）に空気を入れて、ふくらませたあと、枠（２）に取りつける。

　そのあとで、洗濯機の中に投入しておく。

　そうすると、次のような要領で、糸くず、綿ぼこりが、洗濯をしている間に、自動的に取り除けるようになった。

　洗濯機の中で、洗濯水は回転しながら中心でうずを巻いている。

　したがって、円すい状の網袋（１）の先端は、洗濯機の底の方へ引かれ、網袋（１）の開口部は空気袋（５）によって、いつも上を向きながら浮き沈みする。

　そこで、洗濯水は、網袋（１）の開口部から入り、網袋（１）の先端から抜ける。

― 4 ―

　このとき、網袋（1）の網目で洗濯水を濾過して、糸くず、綿ぼこりだけが取れる。
【符号の説明】
【0009】
　　1　網袋
　　2　枠
　　3　支軸
　　4　取りつけ穴
　　5　空気袋
　　6　空気入れ口

(3)「洗濯機の糸くず取り具」の「特許請求の範囲」

「明細書」が書ければ、「明細書」の【課題を解決するための手段】(67ページ)を**コピペ**(※)すれば、「特許請求の範囲」は、作成できます。

「明細書」の書き方は、74ページで詳しく解説します。

【書類名】 特許請求の範囲
【請求項1】
　網袋の開口部に、枠を設け、枠に支軸を設け、支軸の中央に取りつけ穴を設け、空気袋に空気入れ口を設け、空気袋を支軸に取りつけた洗濯機の糸くず取り具。

---

(4)「洗濯機の糸くず取り具」の「要約書」

「明細書」が書ければ、「要約書」は、「明細書」の【技術分野】(66ページ) と、【課題を解決するための手段】(67ページ)を「コピペ」すれば、作成できます。

「要約書」は、「課題」・「解決手段」・「選択図」の項目にわけて書きます。

第2章　なるほど、「特許願」を、自分の力でまとめられる発明は、商品になる

　□「**課題**」＝【技術分野】をコピペします。

　□「**解決手段**」＝【課題を解決するための手段】をコピペします。

　□「**選択図**」＝「図面」は、本発明の一番わかりやすい図を「図1」に描きます。

【書類名】　要約書
【要約】
【課題】　本発明は、洗濯中に洗濯機内の水中にただよう糸くず、綿ぼこりを自動的に取り除くようにした、洗濯機の糸くず取り具**を提供する。**
【解決手段】　網袋の開口部に、枠を設け、枠に支軸を設け、支軸の中央に取りつけ穴を設け、空気袋に空気入れ口を設け、空気袋を支軸に取りつけた**ことを特徴とする。**
【選択図】　図1

※**コピペ**とは、「コピーアンドペースト（Copy and Paste）」の略語です。コピー（Copy）は、複製です。ペースト（Paste）は、貼りつけることです。

(5)「洗濯機の糸くず取り具」の「図面」

【書類名】 図面
【図1】

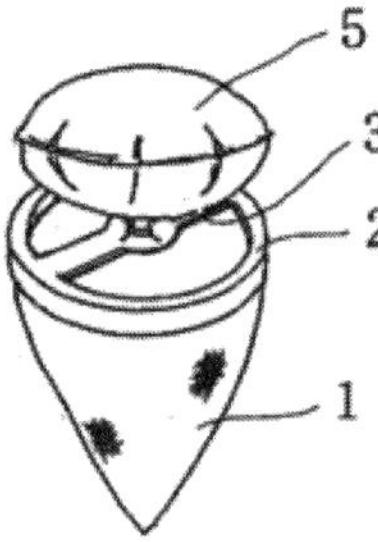

【図2】

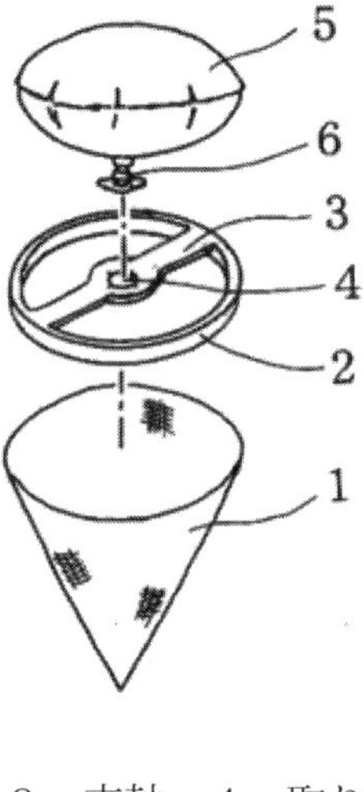

1 網袋 2 枠 3 支軸 4 取りつけ穴
5 空気袋 6 空気入れ口

完成したら、自信作をみせていただきたいです。

《**参考図書**》

「書類の書き方」は、拙書『思いつき・ヒラメキがお金になる！』、『完全マニュアル！発明・特許ビジネス』などで、また「図面の描き方」は、同『３Ｄ「立体図」作画の基礎知識』、『３Ｄ「立体図」は伝えるチカラになる』（いずれも日本地域社会研究所）などで、詳しく説明しています。

【MEMO・メモ】

7. 自分の力で、「明細書」はまとめられる

　ここまで練習してきたように、「明細書」は自分の力でまとめられます。

　「特許願」をだれがみても、読んでも、発明の内容がわかるように、説明すればよいのです。

　すると、だれでも、○○の発明を利用することができます。

　それは、たとえば、お医者さんが書いているカルテです。

　他のお医者さんが治療できるように、書いています。

　主治医がいないときは、カルテをみて、他のお医者さんが治療してくれます。

　だから、カルテの意味があるのです。

　技術の世界も、同じです。

　発明の内容を技術レポートにまとめて、世の中のだれがみても、どこでも、その技術が利用できるようになります。

　だからこそ、価値があるのです。

　文章がとにかく、苦手だ！

　……、という人のために、まとめ方の形式のパターンを紹介しましょう。

　簡単です。

　そのまま、マネて、書いてください。

　すると、上手く書けることがわかります。

　その書き方の形式のパターンを紹介しましょう。

　「特許願」の「明細書」でも、改善、提案の書類でも、技術の実験のレポートなどでも、そのまとめ方は同じです。

　「特許願」の出願の書類にまとめるのは、発明者のあなたの仕事です。

第2章　なるほど、「特許願」を、自分の力でまとめられる発明は、商品になる

◆「明細書」は、形式にあてはめれば、だれにでも書ける

　「特許願」の「明細書」の各項目には、どんなことを書くのでしょう。

　それでは、ヒット商品になった「洗濯機の糸くず取り具」、一緒に研究しましょう。

　そして、「明細書」の形式に、整理して、まとめましょう。

　「明細書」の形式に、まとまったら、みなさんが、【発明者】、【特許出願人】になって、「億万長者」になったつもりで、「【書類名】　特許願」の出願の書類を書いみましょう。

　形式にあてはめるだけです。

　ワクワクしながら書いてください。

　学校をでると、もうラブレター以外は、文章を書きません。

　それも、簡単なメールで、すましてしまおうとします。

　……、そのように、考える人もいます。

　私は、文章が苦手だ、……、といって、それを自慢する人もいます。

　ところが、創造は、ただ、自分の胸の内だけにしまっていたのでは、社会的な価値は、ゼロです。

　○○の発明を、「明細書」にまとめることです。

　そして、だれでもわかるようにあらわすことです。

　それで、はじめて、発明の価値がでてくるのです。

　それでは、もういっぺん、「明細書」の書き方をおさらいしましょう。

◆「明細書」の形式「どんな項目を書くのか」

```
【書類名】　明細書
【発明の名称】
【技術分野】
　【０００１】
【背景技術】
　【０００２】
【先行技術文献】
　【特許文献】
　【０００３】
　【特許文献１】
【発明の概要】
　【発明が解決しようとする課題】
　【０００４】
　【課題を解決するための手段】
　【０００５】
　【発明の効果】
　【０００６】
【図面の簡単な説明】
　【０００７】
【発明を実施するための形態】
　【０００８】
【符号の説明】
　【０００９】
```

第2章　なるほど、「特許願」を、自分の力でまとめられる発明は、商品になる

◆「明細書」の各項目には、どんなことを書くのでしょう

□「明細書」の題名を書きます。
　「【書類名】　明細書」と書きます。

□【発明の名称】を書きます。
　「【発明の名称】　洗濯機の糸くず取り具」と書きます。
　発明の内容を簡単、明瞭にあらわすような名称をつけます。

□【技術分野】を書きます。
　【０００１】
　「技術分野」は、その発明のあらまし「技術分野」を２～３行にまとめ、発明の大略を書き、「**発明の名称**」より、少しだけ長文にしてください。
　特許庁の審査官が、「発明の名称」を読みます。
　そのとき、発明のアウトラインがわかるように書けばいいのです。
　本発明は、洗濯機の水中にただよったり、浮いている糸くず、綿ぼこりを自動的に取り除く、洗濯機の糸くず取り具です。

□【背景技術】を書きます。
　【背景技術】
　【０００２】
　「背景技術」は、従来（いままで）、どんな「物品の形状」、「物品の構造」のものがあったのか、を書きます。
　そして、従来（いままで）は、このような不便、欠点がありました。

……、と書きます。

○○の発明に、どんな「課題（構造の欠点、使用上の問題点）」があったのか、を書きます。

「従来技術」の欠点を書くのは、絵でいえば、バックです。

その「課題（構造）」は、何か、……、を書きます。

【書類名】　　　明細書

【発明の名称】　洗濯機の糸くず取り具

【技術分野】

【０００１】

本発明は、洗濯中に洗濯機内の水中にただよう糸くず、綿ぼこりを自動的に取り除くようにした、洗濯機の糸くず取り具に関するものである。

【背景技術】

【０００２】

従来、洗濯機の性能はよくなりました。

ところが、下着、白のワイシャツ、セーター、などを洗ったとき、糸くず、綿ぼこりまで、吸い取ってしまうようになった。

そのとき、衣類から出た、糸くず、綿ぼこりが、水中をただよったり、浮いてしまう（特許文献１参照）。

【書類名】　明細書

「背景技術」に、続けて、【先行技術文献】を書きます。

【０００３】

を書きます。

第2章　なるほど、「特許願」を、自分の力でまとめられる発明は、商品になる

```
【先行技術文献】
  【特許文献】
  【０００３】
  【特許文献１】　特開○○○○－○○○○○○号公報
```

□「発明の概要」は、「発明が解決しようとする課題」、「課題を解決するための手段」、「発明の効果」を書きます。

「発明の概要」は、次の項目にわけます。

「発明が解決しようとする課題」、「課題を解決するための手段」、「発明の効果」です。

□【発明が解決しようとする課題】
【０００４】

「発明が解決しようとする課題」は、○○の発明に、どんな課題があったのか、を書きます。

その「課題（構造の欠点、使用上の問題点）」は、どこか、何か、……、と、「欠点列挙法」で調べてみました。

課題（問題）をどのような方法で解決したのか、説明します。

この課題（問題）を解決するために、どのような物品の形状、物品の構造にしたのか、……、を書きます。

□【課題を解決するための手段】
【０００５】

「課題を解決するための手段」を書きます。

【課題を解決するための手段】は、「特許請求の範囲」に、つながります。

網袋の開口部に、枠を取りつけ、枠に支軸をつけ、支軸の中央に取りつけ穴を設け、空気袋に空気入れ口を取りつけ、空気袋を支軸に取りつけました。

□【発明の効果】
【０００６】
　「発明の効果」は、「発明が解決しようとする課題」に書いた、いままでの発明の課題（問題）（イ）、（ロ）、（ハ）を書き、解決した点が「発明の効果」（イ）、（ロ）、（ハ）になります。
　なるほど、と感心していただけるような、「発明の効果」を書きます。

【発明の概要】
　【発明が解決しようとする課題】
　【０００４】
　　これは、次のような欠点があった。
（イ）洗濯物を洗って干すとき、衣類、黒色の靴下などの表面に点々と糸くず、綿ぼこりが付着していた。
　それが目立ち、見苦しかった。
（ロ）洗濯物を干したあとで、片付けるとき、衣類に付着した糸くず、綿ぼこりを、一つひとつ手で取り除いていた。
　これは、きわめてわずらわしい作業であった。
（ハ）衣類の生地を傷める原因にもなっていた。
　本発明は、以上のような欠点をなくすためになされたものである。

> 【課題を解決するための手段】
> 【0005】
> 　網袋（1）の開口部に、枠（2）を設け、枠（2）に支軸（3）を設け、支軸（3）の中央に取りつけ穴（4）を設け、空気袋（5）に空気入れ口（6）を設け、空気袋（5）を支軸（3）に取りつける。
> 　**本発明は、以上の構成よりなる**洗濯機の糸くず取り具**である。**
> 【発明の効果】
> 【0006】
> （イ）洗濯機の中に、本発明品を浮かせておくだけで、糸くず、綿ぼこりを、洗濯をしている間に自動的に取り除くことができる。
> （ロ）衣類の生地を傷めることもなくなる。
> （ハ）空気袋（5）をふくらませると大きくなるが、空気を抜くと小さくなり、大きさを自在にできるので、輸送と保管が便利である。

☐【図面の簡単な説明】

【0007】

「図面の簡単な説明」を書きます。

　図の一つひとつを簡単に説明し、「図面の簡単な説明」を書きます。

　　【図1】　本発明の○○図である。
　　【図2】　本発明の○○○○図である。

【図面の簡単な説明】
【0007】
　【図1】　本発明の斜視図である。
　【図2】　本発明の分解斜視図である。

☐【発明を実施するための形態】
【0008】
「発明を実施するための形態」は、本発明が、このような構成です。

だから、その発明の使い方はこうします。

……、のように書くのです。

本発明は、こういうところにも利用できます。

……、というように「実施例」も書いてください。

【発明の実施をするための形態】
【0008】
以下、本発明の実施をするための形態について説明する。

細かい網目からなる円すい状の網袋（1）の開口部に、枠（2）を設ける。

枠（2）に支軸（3）を設ける。

支軸（3）の中央に取りつけ穴（4）を設ける。

空気袋（5）に空気取り口（6）を設ける。

空気袋（5）を支軸（3）に取りつける。

本発明は、以上のような構造である。

本発明を使用するときは、空気入れ口（6）から空気袋（5）

第2章　なるほど、「特許願」を、自分の力でまとめられる発明は、商品になる

に空気を入れて、ふくらませたあと、枠（2）に取りつける。

　そのあとで、洗濯機の中に投入しておく。

　そうすると、次のような要領で、糸くず、綿ぼこりが洗濯をしている間に、自動的に取り除けるようになった。

　洗濯機の中で、洗濯水は回転しながら中心でうずを巻いている。

　したがって、円すい状の網袋（1）の先端は、洗濯機の底の方へ引かれ、網袋（1）の開口部は空気袋（5）によって、いつも上を向きながら浮き沈みする。

　そこで、洗濯水は、網袋（1）の開口部から入り、網袋（1）の先端から抜ける。

　このとき、網袋（1）の網目で洗濯水を濾過して、糸くず、綿ぼこりだけが取れる。

□【符号の説明】

【０００９】

「符号の説明」を書きます。

　１　○○○○、２　○○○○、３　○○○○、……、「符号の説明」を書きます。

【符号の説明】

【０００９】

　１　網袋

　２　枠

　３　支軸

```
  4  取りつけ穴
  5  空気袋
  6  空気入れ口
```

　これで、「洗濯機の糸くず取り具」の「特許願」ができます。
「明細書」は、以上のような順序で書きます。
　これらの内容を整理して、出願の書類の形式にまとめたのが「明細書」です。
　すると、素晴らしい「明細書」ができます。
　書き終えた感想は、いかがですか。
　……、初心者でも、書けるような気がしたでしょう。
　簡単だったでしょう。
　次は、あなたの素晴らしい、○○の発明の**「特許願」**を同じように書いてください。
　今度は、あなたの素晴らしい○○の発明の内容「情報」を整理して、まとめましょう。

「洗濯機の糸くず取り具」と同じ要領で、「特許願」の出願の書類にまとめるだけです。
　書類ができたら、形式のチェックなど、お手伝いします。
　ＵＳＢメモリーにデータをコピーして、お送りいただくか、ご持参ください。
　「１回・１件体験相談」ができます。

第2章　なるほど、「特許願」を、自分の力でまとめられる発明は、商品になる

8.「契約書」の書き方の例と、「立会人」について

● 権利がとれなかったら、お金「ロイヤリティ
（特許の実施料）」は、どうするのか

○○さんは、最初に創作した○○の発明を「目標」の第一志望、第二志望の会社に、手紙を書いて、売り込みをしました。

すると、○○会社の社長さんに、○○の発明を気に入っていただけました。

採用していただけそうです。

契約ができそうです。

……、といって喜んでいます。

そういうときに、気をつけていただきたいことがあります。

契約の条件を決めるとき、あまり欲をださないことです。

何よりも、商品にしていただけることに感謝をしましょう。

● 「契約書」の見本・「立会人」をお願いする

契約は、両方に欲がでるので、「立会人」に、仲に立っていただいたほうが、話が上手くまとまりやすいようです。

それで、実績が豊富な、一般社団法人 発明学会（会員組織）に、仲介の労を頼む人が多いようです。

町（個人）の発明家と会社は、大きなギャップがあります。

そのため、直接交渉をすると、上手くいかないケースもあります。

それで、たとえば、町（個人）の発明家に頼りにされている、一般社団法人 発明学会（会員組織）は、たくさん、契約のお手伝いをしています。

そこで、「立会人」になって、間をとりもって、いただき、

上手く、契約に結びつくケースもあります。

「**契約書**」の書き方は、一般的には**横書き**です。

普通の民法によるものと同じです。

では、「契約書」の書き方の一例を紹介しましょう。

読者の方が実際に「契約書」を作成するときは、この「契約書」の見本を参考にしてください。

形式は、次のとおりです。

「契約書」の見本

契　約　書

　　　　甲（権利者）○○県○○市○○町○丁目○番○号
　　　　　　　　　　○○　　○○
　　　　乙（使用者）○○県○○市○○町○丁目○番○号
　　　　　　　　　　○○○○　株式会社
　　　　　　　　　　取締役社長　　○○　　○○

　甲と乙は、次の特許出願中の条項について、一般社団法人発明学会立会のもとに専用実施権の設定契約をする。

第一条　甲と乙は、次の特許願について契約をする。
　　　　特願○○○○－○○○○○号
　　　　発明の名称　　○○○○

第二条　専用実施権及び権利発生後の専用実施権の範囲は次の通りとする。

第2章 なるほど、「特許願」を、自分の力でまとめられる発明は、商品になる

   期間　契約の日より権利存続中
   内容　全範囲　　　　地域　国内
第三条　乙は、この本契約について、質権を設定し又は他人に実施を設定してはならない。
  ただし、甲乙協議によって実施者を設定することができる。
第四条　乙は、自己の費用をもって権利発生後の専用実施権設定登録の手続をすることができる。
第五条　この契約によって乙は甲に対し、実施契約金として〇〇万円、実施料として卸し価格の〇％の使用料を支払うものとする。
第六条　前条の使用料は経済事情その他に著しい変動が生じたときは、甲乙協議の上でこれを変動することができる。
  協議がととのわないときは、立会人 一般社団法人 発明学会の意見にしたがう。
  すでに支払われた実施契約金及び使用料は理由のいかんを問わず甲は乙に返還しない。
第七条　使用料の支払は、毎月〇〇日締切りとし、翌月〇日までに、甲の指定する金融機関 〇〇銀行 〇〇支店　普通預金口座 〇〇〇〇（口座番号 〇〇〇〇）に振り込み、全額支払いをする。
第八条　甲は、一般社団法人 発明学会を通じて必要に応じて乙からこの本契約の実施の状況、その他の必要な事項についてその報告を求めることができる。
第九条　乙は、契約の日より１年以内に製造販売し、また、特

　　　　別の事情がない限り１年以上にわたり製造を中止しては
　　　ならない。
第十条　この本契約については虚偽の報告その他不法行為等が
　　　あったときは、甲は損害賠償の請求をすることができる。
第十一条　第二条、第三条、第五条より第十条について、乙又
　　　は甲が違反した場合、立会人 一般社団法人 発明学会
　　　の了解のもとにこの契約を解除することができる。
第十二条　その他細則については、そのつど書面で定める。
　以上の契約を証するため、本書３通を作成し、署名捺印の上
各自その１通を所持する。

　令和〇年〇月〇〇日
　　　　甲　　　〇〇県〇〇市〇〇町〇丁目〇番〇号
　　　　　　　　〇〇　〇〇　　　　　　　（印）
　　　　乙　　　〇〇県〇〇市〇〇町〇丁目〇番〇号
　　　　　　　　〇〇〇〇　株式会社
　　　　　　　　取締役社長　〇〇　〇〇　（印）
　　　立会人　東京都新宿区余丁町７番１号
　　　　　　　　一般社団法人 発明学会
　　　　　　　　会 長　　中本　繁実　　（印）

契約、おめでとうございます。
応援してくれた人に、心から感謝しましょう。
美味しいお酒で、乾杯しましょう。
その日を楽しみにしています。

第3章

なるほど、
大好きな発明は、こうすれば、
商品化できる

1. 町（個人）の発明家と会社の創作活動は違う

● 会社では、社員が発明を提案するだけで、
その分野の 担当者が、課題（問題）を解決してくれる

　会社の改善、提案活動は、発明の内容を所定の提案用紙に書いて、まとめます。

　その用紙を、社内の提案係に提出します。

　それだけで、ＯＫです。

　あとは、提案事務局の審査会で、合格すれば、社内の担当部署で、課題（問題）を全部、解決してくれます。

　社内には、いろいろな分野の学習をした人がいます。

　そこで、開発のチームを組みます。

　それで、数人が、得意な分野の作業を分担します。

　開発をしている途中で、課題（問題）があれば、担当部署で、再度、検討をして、全部、解決してくれます。

　それから、さらに、検討をして、商品にします。

◆ 町（個人）の発明家は、内容を自分一人の力で、まとめる

　町（個人）の発明家の発明活動は違います。

　大好きで、得意な分野がポイントです。

　個人で、創作活動をするときは、発明の発想から、課題（問題）の解決まで、内容を自分一人の力で、全部をやらなければならないのです。

　だから、ここで、テーマ「題目」の選び方、注意が必要です。

　間違うと、大変です。

　○○の発明について、他の人（第三者）の力に頼ることになります。

第3章　なるほど、大好きな発明は、こうすれば、商品化できる

すると、お金がかかります。

それも、何十万円も、必要です。

開発する時間も、かかります。

◆ **大切なのは、課題（問題）を解決するための手段**

発明というのは、単なる「思いつき」ではありません。

▷ テーマ「題目」を決めました。

▷ ○○には、課題（問題）があります。

▷ そこで、課題（問題）を検討しました。

▷ そして、技術的に解決しました。

課題（問題）を解決するための手段が発明です。

そこで、

▷ 大きさ（寸法）を決めてください。

▷「図面」を描いてください。

▷ 手づくりで、「試作品」をつくってください。

▷ テスト（実験）をしてください。

▷「発明の効果」を確認してください。

それを、続けてください。

課題（問題）が、みつかったら、そのつど、満足するまで、心をこめて、改良を加えることです。

大好きなことです。

だから、ガンバルことができます。

課題（問題）を解決するのです。

課題（問題）を解決した、その手段を説明するのです。

物品の形状、構造（しくみ）の説明です。

◆「発明」は、「課題を解決するための手段」

ここで、もう一度、確認しましょう。

▷ テーマ「題目」は、大好きですか。

▷ ○○の分野の知識は、豊富ですか。

▷ ○○の発明の物品の形状、構造（しくみ）を「図面」に描いて、説明ができますか。

発明は、「課題を解決するための手段」です。

● 大好きなテーマ「題目」を選ぶと、答えはすぐにみつかる

テーマ「題目」は、大好きで、知識が豊富で、得意な分野を選んでください。

すると、課題（問題）の答えは、すぐに、みつかります。

大好きなテーマ「題目」を選んで、楽しんでいるからです。

だから、発明は、商品になるのです。

◆ 大好きな「科目」の時間は、短く感じる

突然ですが、学生時代を思いだしてください。

大好きな科目（教科）の時間は、短く感じたでしょう。

楽しかったでしょう。

その科目（教科）が「大好き」で、得意だったからです。

◆ 得意な分野のテーマ「題目」に取り組む時間は楽しい

発明も、大好きで、知識が豊富で、得意な分野のテーマ「題目」に取り組んでください。

課題（問題）を解決することが、楽しくなります。

「発明」の時間も、楽しい時間にしましょう。

何時間でも、楽しくて、話もはずみます。

第3章　なるほど、大好きな発明は、こうすれば、商品化できる

　大好きな人と、おしゃべりをしたり、食事をしたり、お酒を飲んだりしているときと、同じです。

◆ 大好きな発明に取り組めば、楽しくて、夢もふくらむ

　何度も、書きますが、大好きで、知識が豊富で、得意な分野にチャレンジすることです。

　あなたの「発明」の実力（レベル）は、「お母さん」の「料理」の実力（レベル）と同じになります。

　課題（問題）も、解決できます。

　そうすれば、商品になります。

　目標の第一志望、第二志望の会社で、商品にしていただける方向も、みえてきます。

　夢もふくらみます。

　サイズが合っていないと、疲れます。

　自分のサイズを目指しましょう。

　ＳＭがいい⁉

　……。何か、勘違いをしそうですね。

　Ｓ、Ｍ、Ｌのサイズの意味ですよ。

　私、中本 繁実は、ＳＮ(Shigemi　Nakamoto)です。

　磁石も、ＳＮ（Ｓ極とＮ極）ですね。

　ＳＮは、仲がいいですね。

2. 便利になった、発明は、商品になる

● **人には、不満を満足に、不便を便利にしたい欲望がある**

どんなに、ぜいたくな生活をされている人でも、新しく、便利な道具が販売されると、ほしくなります。

それが、いくら、便利なものであっても、今度は、それを超えたものを、ほしくなります。

そして、また、不満を感じます。

その不満を、満足に変えることが、発明なのです。

何だ、そういうことが発明なのか。

それくらいなら、自分にもできる、といって、すぐに、二つや、三つのヒントを思いつくでしょう。

それで、いいのです。

そうすると、あなたは、もう「**発明学校**」の1年生です。

だから、不便なところを、便利にしよう。

……、と思えばいいのです。

すると、だれでも、いつからでも、発明の学習は、「スタート」ができます。

◆ **人だけが持っている「喜怒哀楽」の情が、発明の源泉**

私たちは、将来に向かって、どうしたら、楽しくて、よりよい生活ができるか、いつも、考えています。

そして、家庭で、職場で、学校で、活動しています。

その中で、人は、感情の動物といわれています。

だから、思いどおりに、ことが運べば、**喜び**を感じ、**楽しく**なります。

不満、失敗が起これば、**憤り**、**哀しみ**を訴えます。

第3章　なるほど、大好きな発明は、こうすれば、商品化できる

　一つの動作、現象、あるいは、品物などをみてください。
　そのとき、そこに、何かを感じると、自然に、大好きな発明へつながります。
　それを、自分の意識として、受けとめ、
　▷　喜び、楽しみは、それを、２倍にも、３倍にも、しよう。
　▷　悲しみ、憤りは、なくそう。
　……、とする感情の転換が発明につながります。

◆ **楽しく生活ができるように、さまざまな工夫をする**

　だれでも、発明家になれますか⁉
　その答えは「YES」です。
　人は、だれでも、毎日、楽しくて、笑顔で、生活ができるように、さまざまな工夫をします。
　工夫をしている、あなたは、もともと、発明家なのです。
　ただ、いま、自分が発明家だ、ということに気がついていないだけです。
　そうです。
　むかし、発明といえば、エジソンとか、ワットのような発明家か、大学の学者、会社の一部の研究者がするものだ、と一般に思われていました。
　たしかに、エジソンの電球は、世の中を明るくしてくれました。
　ワットの蒸気機関車も、電信も、電話も、現在の生活に、大きな恩恵を与えてくれました。
　ついでに、筆者の性格も、明るくしてくれました⁉
　それとは違う、といった声が、外野から聞こえてきそうです。

◆ **一番、大好きなテーマ「題目」は、すぐにみつかる**

では、ここで、身近なところに、目を移してみましょう。

台所にも、お風呂場にも、……、毎日の生活になくてはならない、必需品があります。

それらの商品は、大発明家の創作物だけでなく、ごくごく普通の家庭の主婦、ＯＬ、町（個人）の発明家、サラリーマンの人が工夫した発明もあります。

そして、毎日の生活の中で、

▷ 面倒だとか、

▷ しゃくにさわるとか、

▷ 思うようにいかない、

……、と、いったことを、いつも、体験しています。

そういうとき、イライラしないでください。

ラッキーです。

「プラス発想」をするのです。

その一つひとつが、あなたの発明のタネになります。

だから、一番、大好きな、テーマ「題目」は、すぐに、みつかります。

問題意識をもつだけでいいからです。

【MEMO・メモ】

第3章 なるほど、大好きな発明は、こうすれば、商品化できる

3. 発明が、商品になる、テーマ「題目」の選び方

● テーマ「題目」は、大好きな分野の中から選ぼう

テーマ「題目」を、一番、大好きで、知識が豊富で、得意な分野の中から、選ぶのです。

すると、商品になる、発明のテーマ「題目」は、すぐに、みつかります。

情報を上手く、整理してください。

発明が、商品になる日は、近いです。

◆ 毎日、考える習慣をつけるために必要なこと

最初のころは、何にでも、興味をもちます。

気にもなります。

それで、いろいろなものに、興味だけが先行します。

ある時期までは、いろんな発明を好きになっても、テーマ「題目」に興味をもっても、大丈夫です。

だけど、いつまでも、「**浮気発明**」を続けていたら、深みのある、商品になる発明は生まれません。

理由ですか!?

それは、その程度の考えなら、おそらく、これまでに、多くの人が考えていたからです。

○○を思う気持ちは、本当に大切です。

でも、気持ちだけではいけません。

心配しているのに、八方美人だ！　といわれないように気をつけることです。

それでは、中途半端で、実りません。

◆ どこに的をあてたらいいの

　発明を商品にするためには、大好きで、知識が豊富で、得意な分野の中から、発明のテーマ「題目」を選ぶことです。
　では、発明のテーマ「題目」のどこに的をあてたらいいのですか⁉
　▷ 多くの消費者が望む身近なものを選ぶことです。
　▷ 商品の売り場などを探訪してください。
　　ニーズ（需要）があるか、確認できます。
　▷ 自分で「試作品」をつくれるものを選ぶことです。

　そうすれば、お金、時間を、ムダにしなくて、発明を楽しむことができます。
　ここで、家庭の身近なところから選ぶのです。
　あるいは、職場の仕事の中から選ぶのです。
　そして、発明を楽しみましょう。
　それが、商品になる、効率のいいやり方です。
　私は、長崎県立長崎工業高等学校（定時制）で、電気の分野の専門科目を学びました。
　学校は、公立です。
　だから、効率よくできます⁉
　あなたは、私立ですか⁉
　何でも、しりつ（私立）くしていますね。
　素晴らしいことです。

第3章 なるほど、大好きな発明は、こうすれば、商品化できる

4. 発明の商品化は、思いつきとヒントの数に比例

● 発明の完成度を、高めるために、ヒントの数を楽しむ

町(個人)の発明家から、発明を10個、考えました。

それを、発明の先生に、相談しました。

すると、みんな「**落第発明**」だ、といわれました。

私には、発明のセンスがないのでしょうか⁉

といった質問を受けました。

発明は、思いついただけです。

テーマ「題目」に関連した、「情報」が少ないです。

だから、さらに、「情報」を集めてください。

そして、完成度をアップするために、10個、20個のヒントを考えるのです。

また、その発明は、すぐに、お金「ロイヤリティ(特許の実施料)」には、つながりません。

だから、そうしたヒントを楽しみながら、10個、20個くらいは、考えてください。

そうすると、その中に、ヒントが、1つは、みつかります。

そのヒントに、また、10個、20個、考えるのです。

その結果、○○の発明は、完成して、商品になるのです。

道が開けてくるのです。

……、と「答え」ます。

◆ ヒントの数を積み重ねて、質より、量を心掛ける

大好きな発明をテーマ「題目」に選んだのです。

自分の体験と知識で、創造力が育ちます。

だから、○○の発明をまとめるのは、簡単にできます。

ヒントの数を積み重ねてください。

そして、ヒントの数は、質より、量を心掛けてください。

そのとき、

▷ いい着想か。

▷ 悪い着想か。

▷ 大きなヒントか。

▷ 小さなヒントか。

それらの判断は、後回しに、しましょう。

◆ **大好きなテーマ「題目」を選び、練習すれば、上手くなる**

よく、下手な鉄砲も数をうてばあたる。

……、とたとえられます。

この意味は、たくさんの数をうてば、まぐれで、一つくらいは、あたる、という意味ではありませんよ。

下手でも、一つの標的に向かって、たとえば、1万回、練習してください。

そうすれば、上手くなります。

そういう意味です。

初めは、小さなヒントでも、いいのです。

それを続けていくうちに、大きなヒント、しかも、立派な発明が生まれるようになります。

……、ということです。

● ○○の発明に関連した、ヒントをたくさん考えよう

　○○の発明のヒントを考える創造力は、決して、天性のものではありません。

　練習をするのです。

第3章　なるほど、大好きな発明は、こうすれば、商品化できる

すると、いくらでも、伸ばすことができます。
　素晴らしい着想をキャッチできる能力も、自然にそなわってきます。
　それには、
　▷ 頭の中から、創作する火を消さないことです。
　▷ 毎日、考える時間をつくることです。
　　3分でも、5分でも、10分でも、大丈夫です。
　▷ ヒントの量を、たくさんだすことです。
　▷ メモをとる、その習慣をつけることです。

　たとえば、電車でも、車でも、発車(スタート)するときは、大きなエネルギーを使います。
　ところが、その割合に速度はでません。
　でも、いったん走りだしてしまえば、たいしたエネルギーを使わなくても、ある一定のスピードを保つことができます。

◆ 発明のテーマ「題目」を決めて、「継続」することが大切
　○○の発明の、テーマ「題目」について、ある一つのヒントを思いついたとします。
　ところが、少し考えている間に、たいしたものではない。
　……、と、わかってしまうと、考えることを、1カ月も、2カ月も休んでしまう人がいます。
　休まないでください。「継続」しましょう。
　すると、そのうち、○○さんが考えた、発明が商品になるのです。
　契約の条件は、「契約金」が、30万円です。
　「ロイヤリティ(特許の実施料)」が3％です。

……、といった嬉しい話を聞くと、また、力がわいてきます。

◆ **大好きなテーマ「題目」なら「継続」できる**
中には、テーマ「題目」を決めないで、何かを考えようとします。
しかし、いつの間にか忘れています。
そんなことを、いつも、繰り返しています。
選んだテーマ「題目」が大好きじゃないから、「継続」しないのです。
その結果、発明は、一つも、まとまらないのです。
それでは、いつまでたっても、お金「ロイヤリティ（特許の実施料）」になる発明は生まれません。
では、ここで大好きなテーマ「題目」にしてください。
そして、発明を楽しんでください。
すると、自然に、「継続」できます。
発明は、発明を生む、といわれています。
だから、常に何かのヒントを、頭の中に入れておくことが大切なのです。
そして、「継続」するのです。
約束ですよ。

◆ **名案を、パッと思いついたわけではない**
商品になった発明でも、そのかげには、ヒントになった発明があります。
ただ、商品になった成功談、発明の本には、ヒントになった発明が書かれていません。

第3章　なるほど、大好きな発明は、こうすれば、商品化できる

　それで、初心者は、名案をパッと思いついたように、早合点をしてしまうのです。
　違いますよ。
　それを確認してください。
　発明をたくさんだす練習をするのです。
　「情報」が多ければ、まとめやすいです。
　その結果、商品になるのです。

◆そうなんだ、あとで、メモが効いてくる
　そうです。
　一日のうち、どこかで、考える時間を、3分、5分、10分、つくるのです。
　そうすれば、ヒントは、必ず、成長します。
　すると、他の方面のヒントまで浮かんできます。
　そのとき、忘れないように、メモをとっておくのです。
　私たちは、一日のうちに、たくさんの人と会い、話をしています。
　テレビ、新聞などからも「情報」がたくさん入ってきます。
　しかし、ヒントになる「情報」のすべてを記憶している人はいないでしょう。
　ふと浮かんだヒントも、その瞬間を過ぎると、消えてしまいます。
　あとで、思いだそうと思っても、思いだせないものです。

◆「発明手帳・メモ用紙」をつくろう
　そこで、頭に浮かんだヒントは、忘れないように、メモをとるのです。

そのために、自分流の「発明手帳・メモ用紙」をつくることをおすすめします。
　そして、「発明手帳・メモ用紙」に、たくさん書き込むのです。
　もしも、まだ、ノートなどに、まとめていないようでしたら、いまから、「発明手帳・メモ用紙」をつくりませんか!?
　そうすると、お金「ロイヤリティ（特許の実施料）」になる発明のヒントがみつかります。
　そして、発明が商品になる、近道につながります。
　あなたは、いままで、どれくらい、思いついた発明をメモしていますか!?
　次ページの「発明手帳・メモ用紙」を見てください。
　これを参考に、必要な項目を書いて、まとめてみませんか。
　すると、発明の内容、簡単に整理ができます。
　行間などは、各自が使いやすように工夫してみましょう。

【MEMO・メモ】

第3章 なるほど、大好きな発明は、こうすれば、商品化できる

発明手帳・メモ用紙

年　　月　　日

☐【発明の名称】
　ネーミングも一緒に書いてください。

☐【図面（説明図）】
　大きさ（寸法）を決めて、「図面」を描いてください。

☐【発明の要約】
　発明の要約（ポイント）を書いてください。

☐【従来技術とその課題（問題）】
　従来（いままで）のものの、課題（問題）などを書いてください。

☐【発明の構成（しくみ)】
　改良したところ、特徴などを書いてください。

☐【発明の効果】
　テスト（実験）のデータ、「発明の効果」などを書いてください。

☐【発明を実施するための形態】
　実施例とその使い方を書いてください。

5. 発明が商品になる近道は、メモと落書きだ

● **思いついた、素晴らしい案は、すぐに忘れる**

筆者が、これまでに、指導した件数は、約10万件です。

まだ、まだ、町（個人）の発明家のご意見番として、元気よく、指導していきますよ。

……、と、自分でいうのもへんですが、その指導には、ある程度の自信があります。

では、どうやったら、名案を生みだせるのか!?

考えてみましょう。

それでは、ここで、だれでも、すぐに、実行できる、簡単な方法を説明します。

◆ **思いついたことは、メモをとっておこう**

町（個人）の発明家で、大好きな発明が商品になった人は、いつも、メモをとっていた、といいます。

自作の「発明手帳・メモ用紙」などを、いつも、バッグ、ポケットに、しまっておいて、携帯してください。

そして、

▷ これは、と思ったこと。

▷ 他の人（第三者）から聞いたちょっといいはなし。

▷ 新聞、テレビなどで、目にした、耳にしたこと。

メモをとっておくことです。

そのとき、「発明手帳・メモ用紙」が手元になければ、箸袋の裏、名刺の余白部分を使ってください。

そこに、メモを書いておくのです。

……、その、メモが提案文に、つながります。

その提案が会社の上司の心を動かすのです。

そして、それに、専門家の技術者（研究者）が参加して、発明を商品にするのです。

どんなヒット商品でも、「○○の一言」がきっかけになった、といわれています。

忘れないように、メモをとっておくことが大切だ、といっているのです。

文章を書くのも、メモが大事です。

提案者（発明者）の「発明手帳・メモ用紙」のメモをみると、そのメモ自体が上手な提案文になっていることが多いです。

◆ メモをとっていると、文章も上手くなる

文章が上手になりたい、と思う人には、まず、メモをとりましょう。

……、と、私は口グセのように、いっています。

文章を書くことは、まず、簡単なメモをとることです。

思いつくことを、とにかく、書きとめることです。

これくらいなら、できるでしょう。

たとえば、家計簿などのすみっこに、ちょっとした感想を書いたでしょう。

発明を書いたでしょう。

学生のころ、教室で、先生の似顔絵の下に、一言、コメントをつけて、回覧をして、みんなでクスクスと思いだし笑いをしたことがあるでしょう。

その一言が、まぎれもなく創造であったのです。

しかも、立派な文章だったのです。

◆ 書きとめることで、○○の発明の内容も深まる

とにかく、書きとめることです。

それが、メモの原則です。

手を動かすことで、「頭（脳）」が活発になります。

手にペンを持って、考えることが大切なのです。

メモをみていると、連続的に他のイメージが浮かびます。

そのとき、すかさず、それを、「発明手帳・メモ用紙」に、書きとめることです。

すると、考えがつながって、発明の内容が深まっていきます。

また、予測もしない方向へ、と飛躍するのです。

その飛躍を忘れずに、書き残すのもメモです。

そのとき、あまり価値がない、と思ったことでも、書きとめておくことです。

それが、あとで、思わぬ重要な意味を持つこともあります。

これを、ずっと、続けてください。

「継続」すると、いつの間にか、文章も、自然に上手になっています。

【MEMO・メモ】

第3章 なるほど、大好きな発明は、こうすれば、商品化できる

6. 発明を楽しめば、「夢」も「目標」も実現する

● 私の目標

<u>私の目標</u>

年　　月　　日

□ 名前（発明の名称）

□ 今月・今年

□ 私の「目標」

□ 発明のテーマ「題目」

□ 売り込み（プレゼン）をしたい目標の第一志望、第二志望の会社

□ 「契約金」

□ 「ロイヤリティ（特許の実施料）」

　以上のような内容のことを、色紙に書いて、いつも、みえるところに貼っておくと効果があります。

◆ **具体的なテーマ「題目」を決めて、前向きに行動しよう**

　発明のテーマ「題目」は、経験も、知識も、豊富です。

　得意な分野で、大好きです。

　そして、目標の会社に、売り込みをします。

　……、と、いった具体的な**目標**を発表しましょう。

　たとえば、高校の入試、大学の入試で、志望校を決めるときと同じだ、……、と思います。

　受験生は、将来の目標があります。

　だから、○○学校の入学試験に、合格することをめざします。

　そのために、入学試験の資料を取り寄せて「傾向と対策」を練ります。

　発明の活動も、受験生と同じです。

　受験のときだって、多くの人が、ムリをしないで、自分のレベル、サイズに合った目標を決めるでしょう。

● **知識が豊富で、得意な分野なら、発明の学習は楽しめる**

　目標をはっきり、いえることは、とても大切です。

　それで、はじめて、それに適した「計画」が立てられます。

　そうすれば、すぐに、「実行」することができます。

　ただ、ぼんやりと、○○の発明を商品にしたい。

　……、と思っています。

　それだけでは、○○の発明は、商品になりません。

　さあー、頭の中だけで、深く考えるだけではいけませんよ。

　もう一度、確認しますよ。

　テーマ「題目」は、大好きで、知識が豊富で、得意な分野にチャレンジするのです。

　そうすれば、商品になる、発明は簡単にできます。

第3章 なるほど、大好きな発明は、こうすれば、商品化できる

楽しいです。
家庭教師をお願いすることもありません。
予備校（塾）に通わなくてもいいのです。
大好きで、知識が豊富で、得意な分野のことをやれば、一人で、学習はできます。
だから、余計なお金を使わないですむのです。

◆ **具体的な目標、だから、発明は商品になる**
町（個人）の発明家の**目標**は、一日も早く、素晴らしい発明を商品にすることです。
だから、具体的な目標を書くことです。
それなのに、目標を書けない人がいます。
ある日、私のところに相談にきていただいた、○○さんに、質問をしてみました。
　▷ **○○さん、目標を教えて、いただけませんか。**
　▷ **いつまでに商品にしたい、と思っていますか。**
……、少し考えていました。
ところが、○○さんは、答えられませんでした。
次のような内容の質問も、そうです。
　▷ **売り込みをしたい目標の会社は、決めていますか。**
　▷ **会社の「事業の内容」、確認しましたか。**
　▷ **「傾向と対策」、練りましたか。**
……、そうです。
目標を、決めて、毎日、楽しく、活動しましょう。
そうすれば、○○の発明は、商品になります。
お金「ロイヤリティ（特許の実施料）」につながります。

7.「先願主義」だから、「出願」を急ぎたいのか

● 出願を急ぐより、先行技術を調べることが大切

○○の発明を考えたら、すぐに、出願するのですか⁉

そうですねー、日本は「先願主義」です。

だから、特許の法律書を読むと、一日も早く、出願することが大切です。

……、と書いています。

それが、原則です。

一日も早く出願しなければ、他の人（第三者）に、マネされて、つくられてしまうのです。

どうしよう、と悩むのです。

では、いつの時点で、出願すればいいのですか

……、といった質問は、むずかしい問題だ、と思います。

多くの町（個人）の発明家も、会社の知的財産権の担当者も、悩む問題です。

◆「特許情報プラットフォーム」が活用できる

▷ 特許の学習をしていないので、出願の書類が書けません。

▷ 同じ内容の発明が前にあったか、わかりません。

そこで、発明の相談の担当の先生に相談しました。

そうしたら、先行技術を、「**特許情報プラットフォーム（J-PlatPat）**」で、一緒に調べていただきました。

すると、先に出願した人の発明と同じでした。

これで、権利になるか、どうかの判断ができます。

だから、この時点では、まだ、発明を完成させる途中です。

第3章　なるほど、大好きな発明は、こうすれば、商品化できる

◆ 最初のころの発明は、先行技術があるケースが多い

これは、筆者の体験です。

……、町（個人）の発明家が、発明の学習をスタートしたころの様子です。

最初のころ、思いついた発明は、残念ですが、「情報」が少ないです。

だから、先行技術があるケースが多いです。

すでに、出願されていたものと同じです。

発明が新しくない、ということです。

そのことを知らずに、大切な時間、お金をかけているのです。

それでは、もったいないです。

◆ 特許庁に、一日でも早く出願したい

本人は、とにかく、特許庁に、一日でも早く、出願をしたい、……、と、考えています。

その気持ちも、よくわかります。

それで、考え、悩みます。

……、そして、「答え」をだします。

費用を、約30万円かけて出願することです。

でも、町（個人）の発明家は、……、ここで、少し、考えます。

そして、やはり、高い、と思うのでしょう。

すると、また、どうしよう。

……、と、悩んでしまうのです。

そういうときは、少し休憩してください。

◆ ○○の発明をまとめることができるのは、発明者のあなた

　発明の権利をとるためには、「特許願」の出願の手続きが必要です。

　売り込みの段階でも、出願していれば、問題はないです。

　まだ、「特許願」をまとめていませんか。

　それでは、○○の発明の内容「情報」を整理しましょう。

　ここで、まとめて、出願の準備をしましょう。

　次は、発明を商品にしていただくために、課題（問題）が残っていないか、確かめることです。

　手づくりで、「試作品」をつくり、テスト（実験）をするのです。

「発明の効果」を確認できます。

　確認をしたあと、まだ、課題（問題）が残っていたら、改良すればいいのです。

　それを、続けましょう。

　その結果、発明を商品にできる道が開けます。

　その状況をみて、いつ、「特許願」の出願の手続きをするか、決めましょう。

　詳しくは、特許関係のビジネス書を参考にしたり、一般社団法人 発明学会（会員組織）を活用したりするのが、一番の早道です。

　同学会は、会員の発明が商品になるように、会社につなげる仕事をしています。

　お金「ロイヤリティ（特許の実施料）」が入ってくるように、会員の方の発明をサポートしている一般社団法人です。

　全国にある「発明学校」の応援、発明の相談など、発明の出し方、権利のとり方など、○○の発明の商品化、契約の方法な

第3章　なるほど、大好きな発明は、こうすれば、商品化できる

どを指導してくれます。

　いわば、町（個人）の発明家のよき相談役として、頼りにされています。

　発明学会に入会すれば、具体的な指導が受けられます。

　そればかりか、世の中には、予想以上に町（個人）の発明家がいることが実感できます。

　さらに、いい刺激になるハズです。

　一般社団法人 発明学会（会員組織）の入会システムなどについては、お手数ですが、本書を読んだ、と書名を書いて、著者に申し込んでいただければ、案内書をお送りいたします（申し込み先は 173 ページ参照）。

【MEMO・メモ】

【MEMO・メモ】

第4章

なるほど、ムリをして、背伸びをしなくても、発明は、商品化できる

1. 市場の調査で、商品になるか、判断ができる

●市場の調査をすれば、発明の「市場性」の判断ができる

　町（個人）の発明家は、○○の発明、素晴らしい、と思っています。

　でも、「情報」が少ないです。

　すでに、商品になっているかもしれません。

　そこで、ムダにならないように、「市場の調査」をしましょう。

　簡単にできる方法を紹介します。

　自分で、できる範囲で大丈夫です。

（1）専門店、量販店、デパート、スーパーなどで、
　　　商品を観察しよう

　それは、商品を観察するために、専門店、量販店、デパート、スーパーなど、いろいろなお店に行くことです。

　○○の発明に関連した「情報」を、集められます。

　商品の「市場の調査」をかねて、売り場を探訪してください。

（2）Yahoo で、商品の「情報」を検索しよう

　「Yahoo（ヤフー）」で、検索してみましょう。

　チャレンジしてください。

　▷「検索キーワードボックス」に、検索キーワードなどを、
　　たとえば、[**クリップ**] と入力します。

　▷「**検索**」をクリックします。

　▷「検索結果」の下にいろいろな「情報」が紹介されます。

　その「情報」をみながら、クリックしてください。

　必要な「情報」がみつかります。

第4章　なるほど、ムリをして、背伸びをしなくても、発明は、商品化できる

（3）Googleで、商品の「情報」を検索しよう

「Google（グーグル）」で、検索してみましょう。

チャレンジしてください。

▷「検索キーワードボックス」に、検索キーワードなどを、たとえば、[**クリップ**] と入力します。

▷「**Google 検索**」をクリックします。

▷「検索結果」の下にいろいろな「情報」が紹介されます。

その「情報」をみながら、クリックしてください。

○○の発明に、必要な内容「情報」がみつかります。

そして、たとえば、

▷ 形（形状）、

▷ 大きさ（寸法）、

▷ 材質、

▷ 色彩、

▷ パッケージ、

などを比較しながら、研究することです。

▷ 商品になった理由を、考えるのです。

▷ 商品が売れている理由を、考えるのです。

その「情報」を、整理して、まとめるのです。

何よりも、これから、発明しようとする、○○の発明の「市場性」が理解できます。

また、市販品の課題（問題）についても、研究ができます。

新たな発明も浮かびます。

2. 発明は新しいか、先行技術を調べよう

● 先行技術を「特許情報プラットフォーム」で調べよう

特許庁は、ホームページで、発明活動に活かせる、特許の「情報」を提供しています。

「特許情報」は、特許第 1 号から、現在、公開されている特許の「公報」を、インターネットで調べることができます。

○○の発明と同じものが、先に出願されていないか、調べましょう。

これで、ムダな研究、ムダな出願をしなくてすみます。

◆「特許情報プラットフォーム」で、簡易検索をしよう

まず、パソコン画面の Google で「特許情報プラットフォーム」と入力し、「特許情報プラットフォーム」を開いてください。

「○ 四法全て ◎ 特許・実用新案 ○ 意匠 ○ 商標」の簡易検索の中の「◎**特許・実用新案**」を選んでください。

そこの「入力ボックス」に、たとえば、**検索のキーワードを[クリップ]** と入力します。

「**検索**」をクリックしてください。

→検索結果一覧「特許・実用新案（○○）」と件数が表示されます。

「文献番号」をクリックしてください。

「発明」の「書誌」「要約」「図面」が表示されます。

もっと、詳しい内容も、確認できます。

画面をスクロールして画面の下のほうをみてください。

「請求の範囲」、「詳細な説明」、「図面」などが表示されます。

そこを、クリックしてください。

詳しい内容が、確認できます。

最初の画面に戻って、「出願人／権利者」をみてください。

会社で出願しているところは、会社名をメモしておきましょう。

この会社名の「情報」が活用できます。

売り込みをしたい、会社がみつかるのです。

◆「特許情報プラットフォーム」は、いっぱい活用できる

(1) 先行技術を調べよう

特許の権利をとるには、出願をしようとする○○の発明が、先願(せんがん)であることが条件です。

先願とは、一番先に、特許庁に出願の手続きをすることです。

先行技術を調べましょう。

「特許情報プラットフォーム(J-PlatPat)」で、○○の発明、新しいか(新規性があるか)。

すぐに、自分で、判断(採点)ができます。

出願料(特許印紙代)をムダにしなくてすみます。

(2) 特許の「公報」は、出願の書類に、
　　まとめるときの一番の「参考書」

「特許情報プラットフォーム(J-PlatPat)」は、「情報」がいっぱいつまっている、「特許の図書館(library)」です。

「特許の辞書(dictionary)」です。

それも、無料で、利用できます。

○○の発明に関連した「公報」をみてください。

一番、活用できます。

▷「明細書」の書き方
お手本になり、よくわかります。
▷「図面」の描き方
どんな「図面」を描けば効果的か、すぐにわかります。
符号のつけ方などで、悩まなくても大丈夫です。
「図面」をみただけで、○○の発明のイメージがつかめる描き方がわかります。
どんな「図面」を描けば効果的か、すぐにわかります。

(3) 売り込みをしたい会社がみつかる
　○○の発明を売り込みたい会社、決めていますか。
……、まだですか。
それでは、先行技術を調べながら、
▷ 会社で出願しているところをチェックするのです。
▷ ○○の発明に、興味をもっている会社です。
▷ 新製品を開発するために、熱心に取り組んでいる会社です。
発明に、理解がある会社です。
これを参考にすれば、売り込みをしたい会社がみつかります。

【MEMO・メモ】

3. 発明者が、手づくりで「試作品」をつくる

●「試作品」をつくれない理由を考えないで

筆者は、「**発明学校**」で、ときどき、「試作品」をテーマ「題目」にした話をします。

そのあとで、何人かの人から、「試作品」をつくりたくても、「試作品」の材料は、どこに、売っているのか、わかりません。

私は、不器用です。

だから、手づくりで、「試作品」はつくれません。

……、など、つくれない、むずかしい!?

……、と、いったことを訴えてきます。

……、ウーン、私は、考えこんでしまいます。

あなたは、大好きな人に、マイナス要素を並べますか。

何もしないのですか。

そんなことは、ないでしょう。

◆ 発明の世界では、否定する言葉はタブー

できなかったら、できるように、……、だめだったら、だめな条件をなくすことです。

それが、発明です。

したがって、「試作品」がつくれない。

……、という人は、苦手（不得意）なテーマ「題目」にチャレンジしているのです。

……、それに、早く気がついて、いただきたいです。

そして、大好きなテーマ「題目」に、チャレンジすれば、悩むことはないです。

中には、できない理由を、上手に説明する人もいます。

……、でも、つくれない理由を考えて、どうなりますか。

それよりも、積極的に発明の活動をして、○○の発明を、商品にしていただきたいです。

● **発明を、詳しく説明できるのは、発明者のあなた自身**

「試作品」をつくってくれるプロの方もいます。

もし、「試作品」をプロの方に依頼したいときは、

▷ 大きさ(寸法)を決めてください。

▷「図面」を描いてください。

▷ 内容を詳しく説明してください。

依頼されると、「試作品」を商品のように、上手につくっていただけます。

だけど、試作代の費用が大変です。

だから、最初に、費用を聞いてから、頼んでくださいよ。

◆ **○○の発明は、物品の形状も、構造(しくみ)も、とても簡単だ、といわれても**

……、○○の発明は、発明者のあなたが考えたものです。

他の人(第三者)は、「図面」をみせていただかないと、発明の内容は、理解できないです。

冗談でしょう。

……、といわれそうですが、電話での相談の一例です。

その内容をご紹介しましょう。

▷ 物品の形状、構造(しくみ)は、とても簡単です。

▷ 電話で説明します。

説明したとおりの「試作品」をつくってください。

……、と、いった内容の相談です。

第4章　なるほど、ムリをして、背伸びをしなくても、発明は、商品化できる

　こういった相談は、正直、困ります。
　中には、電話の向こうで、わかって、いただけない。
　……、といって怒る人もいます。
　「図面（説明図）」がないのです。
　どうして、説明だけでわかると思いますか⁉
　……、といいたいのですが、……、本当に困ってしまいます。
　発明の内容が簡単だったら、自分で、つくれるハズです。
　それが、つくれない。
　……、というのは、きっと、むずかしい内容なのです。

◆ 婚活（お見合い）で、顔写真がないと、電話で、
　説明されても、困ってしまう

　たとえば、婚活（お見合い）の写真にたとえれば、わかりやすい、と思います。
　電話で、顔の説明をするだけで、あなたに、ピッタリの人よ。
　……、といわれてもねー。
　……、想像だけは、膨らむと思います。
　だけど、困ってしまいます。
　期待して、実際に会ってみると、説明と、全然違うタイプの人でした、
　……、それでは、一緒にいる、この時間、つらいです。
　どうしますか。
　残念です。
　そんなことに、ならないようにしましょう。
　いまは、タイプ（タイプライター）でなくて、パソコンの世界です。

▷ 人と待ち合わせ場所を決めるとき、……。

　たとえば、今日の夕方、人と待ち合わせ場所を決めました。

　その場所を、電話で説明しているときを想像してください。

　ＦＡＸ、メールがあれば、説明図を描いて送るでしょう。

　▷ 先に、○○の発明の「図面」を送る。

　○○の発明の説明をするときは、先に、○○の発明の「図面」を送りましょう。

　すると、すぐに、わかっていただけます。

　長々と時間をかけて説明するより、そのほうが簡単です。

　効率がよくて、しかも、すぐに、わかっていただけて、前にすすめます。

● 「試作品」をつくることによって開眼する

　筆者は、何度も、「発明コンクール」の審査員をしています。

　○○の発明、入選した人も、商品になった人も、何人も知っています。

　○○の発明を商品にしていただくのに、共通で、絶対に欠かせない条件があります。

　それは、「試作品」です。

　……、手づくりで、「試作品」をつくっていない発明で、商品になった例は、私が知っている限り、一人もいません。

　だから、筆者は、「試作品」をつくっていない発明は、商品にならない。

　……、とかたく信じています。

第4章　なるほど、ムリをして、背伸びをしなくても、発明は、商品化できる

◆ ○○の発明を、商品にしよう

　○○の発明は、商品になりますか⁉

　その質問の返事は、……、微妙です。

　でも、大きさ（寸法）を決めて、「図面」を描いて、手づくりで、「試作品」をつくることがポイントになることは事実です。

　頭の中で、考えた発明は、立派で、素晴らしい発明です。

　……、と思っていても、みんな、そうなるだろう。

　……、といった予測にすぎないのです。

　したがって、「試作品」をつくっていなければ、商品にしましょう。

　……、と、声をかけていただける会社は、あらわれないでしょう。

　だから、発明が商品になった多くの人は、みなさん、「試作品」がない状態で、素晴らしい発明は、誕生していません。

　……、と口をそろえていいます。

　発明は、「頭（脳）」の中で考えながら、手でつくる共同の作業でないと、完成しないのです。

　手づくりで、「試作品」をつくれば、たとえ、それが、紙や手もとにある材料を使ったもので、手づくりであっても、素晴らしい発明が完成するのです。

　そのチャレンジ精神が大切なのです。

【MEMO・メモ】

4. 心をこめて「試作品」をつくる

● 「試作品」をつくってみないと、発明の便利さはわからない

発明する、きっかけは、ひとそれぞれです。

▷ ○○の部分を、このように改良すれば、もっと便利で使いやすくなるのに、……。

▷ こんな発明があったら、もっと助かるのに、……。

といった、ヒントから、多くの人が発明に興味を持ちます。

それで、実際に自分のこうした思いつきを形にするには、準備が必要です。

試していただきたいことは、「試作品」をつくることです。

手づくりで結構です。

すると、いろいろな課題（問題）が浮かび上がってきます。

また、もっと、素晴らしい発明が生まれます。

◆「試作品」には「説得力」がある

▷ ○○の発明の発明者なのに、「試作品」がつくれない、と、いっていませんか。

▷ ○○の発明の課題（問題）が解決できなくて、困っていませんか。

▷ テーマ「題目」の選び方を間違っていませんか。

▷ 発明は、大好きなことだけを、やればいいですよ。

手づくりで、「試作品」がつくれれば、使いやすさも、テスト（実験）をして、「発明の効果」は、すぐに、確認できます。

手づくりの、「試作品」には、素晴らしい説得力があります。

第4章　なるほど、ムリをして、背伸びをしなくても、発明は、商品化できる

◆たとえば、手づくりの弁当
　▷ 大好きな彼（彼女）が、手づくりの弁当をつくって、持参していただきました。
　▷ 私は、料理をつくるのは、大好きです。
　と、いっていただきました。
　「納得」できるでしょう。
　手づくりで、「試作品」をつくるのは、料理をつくるのと同じことだ、と思います。
　そこで、自分自身で、実際に、
　▷ 大きさ（寸法）を決めてください。
　▷「図面」を描いてください。
　▷ 手づくりで、「試作品」をつくってください。
　▷ テスト（実験）をして、「発明の効果」を確認してください。
　……、どこが、課題（問題）になっているのか、未完成の部分が確認できます。
　その結果、想像していたことより、素晴らしい、いい方法がみつかるのです。

◆「試作品」で、発明の未完成の部分が確認できる
　町（個人）の発明家の中には、書類をみれば、発明はわかります。
　だから、といって、積極的に、手づくりで、「試作品」を、つくらない人がいます。
　○○の発明の発明者は、あなたですよ。
　子どもも、親が愛情をいっぱい注いで、育てないと、だれも育ててくれませんよ。

「試作品」を、つくらないと、いつまでたっても、発明は、未完成のままです。
　だから、少しつっこんだ質問をすると、まだ、そこまでは、考えていませんでした。
　……、と、簡単に答えるのです。
　手づくりで、「試作品」をつくると、どうでしょう。
　自信の発明の「試作品」を目の前でみせられると、なるほど、○○の発明は、本当に素晴らしい。
　……、と納得できます。

◆ **簡単な発明ほど、課題（問題）が残っている**
　読者のみなさんには、ぜひ、以下のことを知っておいていただきたいと思います。
▷ 手づくりで、「試作品」をつくって、
▷ 素晴らしい効果を確認するためには、
▷ テスト（実験）をしてみないと、わからないことがたくさんある。
　……、ということです。
　ですから、もし、自分で、手づくりで、「試作品」がつくれない発明をテーマ「題目」にしているという人は、課題（問題）の解決方法がわかるまで、その分野の学習が必要になります。
　あらためて、学習するわけです。
　だから、相当の時間がかかります。
　たとえば、受験生が、○○学校を受験しよう。
　……、と「目標」を決めたら、合格したいですよね。
　だから、資料を取り寄せて、「傾向と対策」を練ります。
　苦手な「科目）」は、どうしますか。

克服したいですよね。

そのためには、家庭教師をお願いしたり、予備校（塾）に通ったりして、学習するでしょう。

◆「思いつき」を形にまとめることが大切

しつこくて、ごめんなさい。

自分の思いつきを、実際に商品にしましょう。

それを、実現するために、手づくりで、発明の「試作品」をつくって、本当に使いやすいか確認することです。

……、それから、本当の試行錯誤がはじまります。

こうした、さまざまな困難、課題（問題）を、どのような形で、乗り越えるのか⁉

そして、それを乗り越えて、はじめて、完成度の高い発明が生まれるのです。

会社は、そういった発明を待っています。

だって、会社は、利益を追求しています。

したがって、完成度の高い発明を希望するのです。

ここで、あなたの実力、発揮してください。

そして、期待に、応えましょう。

【MEMO・メモ】

5. 商品化をめざし、発明コンクールに応募しよう

● ○○の発明の実力を「発明コンクール」で試そう

たとえば、スポーツでも、カラオケでも、自分の実力、気になりますよね。

そのとき、実力が、どれくらいあるのかは、各地で開催されている、○○の大会に参加してみないとわからないものです。

……、その結果、一躍その名を知られることもあります。

それと、同じです。

自分の発明が売れない。

発明を採用して、契約をしていただける会社がない。

……、という人がいます。

じつは、それは、発明者が、積極的に売り込みをしていないだけのことです。

売り込みをしたい、目標の会社を決めていないのです。

会社の「情報」を調べていないからです。

それでは、いつまで、たっても、発明は、商品に、ならないですよ。

では、「発明コンクール」に応募してみましょう。

○○の発明の実力を試すことができます。

◆ 最初は、「発明コンクール」で、「入選」をめざそう

なかなか、目標を決められない人は、一般社団法人 発明学会が主催している、商品化に直結し、一気に、多くの会社にみていただける「**発明コンクール**」に応募することです。

一度に、数十社の会社の社長さんが、あなたの発明をみてくれます。

第4章　なるほど、ムリをして、背伸びをしなくても、発明は、商品化できる

　そして、「佳作」に入賞することを目標にしてください。
　まだ、入賞しない発明は、どんなに、売り込みが上手でも、「採用」、「契約」には、ならないものです。
　そういうときは、さらに、改良を加えて、魅力がある発明にまとめることです。
　たとえば、次のような「発明コンクール」があります。
　開催時期、詳しい内容については、お手数ですが、本書を読んだ、と書名を書いて、パンフレットなどを請求し、ご確認ください。
　そのときは、郵便番号、住所、氏名を書いた返信用の封書と、送料の切手110円×6枚、同封してください。
　応募用紙をプレゼントいたします。

◆ 発明事業化促進「身近なヒント発明展」
　一般社団法人 発明学会が主催しているもので、発明の商品化を推進するための発明展です。
　新商品の宝庫として、多くの会社が注目しています。
　中には、契約金、100万円で、商品になった発明もあります。
　募集は、1年中募集しています。
　7月10日（締め切り）です。
　展示期間は、10月上旬です。

▷ 問合せ先
　〒162-0055　東京都新宿区余丁町7番1号
　発明学会ビル
　一般社団法人 発明学会「発明コンクール係」
　　中本 繁実　あてへ

【MEMO・メモ】

第5章

ゴールは、大好きな〇〇の発明の商品化!

■ 発明（アイデア）成功十訓

1. 発明（アイデア）は、慾から入って、
   慾からはなれたころ、成功する
2. 悪い案もでない人に、良い案は生まれない、
   まず、悪い案でもいいから、たくさんだせ
3. 一つ考えた人は、考えなかった人より、
   一つ頭が良くなる
4. 頭、手、足を使っても、お金は使うな
5. 発明のテーマ「題目」は、自分で
   テスト（実験）ができるものの中から選べ
6. くそっと思ったら、金の卵がある
7. 半歩前進、ちょっとひねれ、それが成功のもと
8. 他の人（第三者）の発明に感動する心を養え、
   次に「私ならこうする」と考えよ
9. 出願の書類の文章は、自分で書け
   それが、次の発明をひきだす
10. 発明の「売り込み（プレゼン）」は、
    発明をしたエネルギーの二倍使え

第5章 ゴールは、大好きな○○の発明の商品化!

■ 売り込みをする前に、自己「評価・採点」を

〔1〕「独創性」があるか。
　　□ 機能面で、新しい工夫がなされているか
　　　　　　　　　　　　　　　（5・4・3・2・1）
　　□ 新しい型（タイプ）の商品か　（5・4・3・2・1）
　　□ 類似の商品に、対抗できるか　（5・4・3・2・1）
　　□ 物品の形状、色彩のデザイン・バランスはいいか
　　　　　　　　　　　　　　　（5・4・3・2・1）
　　□ 材料（素材）の組み合わせはいいか
　　　　　　　　　　　　　　　（5・4・3・2・1）

〔2〕「機能」はいいか。
　　□ サイズ（大きさ）は、適当か　（5・4・3・2・1）
　　□ 使い勝手は、いいか　　　　　（5・4・3・2・1）
　　□ 耐久性は、いいか　　　　　　（5・4・3・2・1）
　　□ 材質（素材）は、適正か　　　（5・4・3・2・1）
　　□ 安全性は、考慮されているか　（5・4・3・2・1）

〔3〕「市場性」があるか。
　　□ 顧客のニーズに対応したものか（5・4・3・2・1）
　　□ 商品として売れるか　　　　　（5・4・3・2・1）
　　□ 売りやすい価格か　　　　　　（5・4・3・2・1）
　　□ ネーミングなど、売るための工夫がなされているか
　　　　　　　　　　　　　　　（5・4・3・2・1）
　　□ 同種の商品に対抗できるか　　（5・4・3・2・1）

1. 売り込みの手紙文の書き方の見本

● **会社が求めているのは、商品になる発明**

　町(個人)の発明家は、手紙(文章)を書くのが苦手な人が多いようです。それは、手紙をカッコ良く書こう、とするからです。

　手紙の内容は、○○の発明の売り込みです。

　会社が、町(個人)の発明家に、求めていることは、商品化できる発明です。

◆ **大切なことは、読みやすく、書く**

　手紙を書くのは、担当者に、○○の発明の素晴らしさを理解していただきたいからです。

　だから、ここで、大切なことは、読みやすいように、文字を、丁寧(ていねい)に、楷書で書くことです。

　どんなに達筆で書いてあっても、行書は、申し訳ないのですが、読むのが大変です。

　読んでいただけなくて、そのままになります。

　中には、パソコン(Word)は、よくない、手で、書きなさい。

　……、という人もいます。

　どちらにしても、パソコン(Word)のように、読みやすいほうがいいでしょう。

● **売り込みの文章は、短文がいい**

　用紙の大きさは、A列4番(A4)サイズを使ってください。

　そして、用紙1枚に、まとめてください。

　手紙には、「図面」と「試作品の写真」、「要約書」を添付してください。

第5章　ゴールは、大好きな〇〇の発明の商品化！

◆ **手紙の文章は、400〜600字くらいにまとめよう**

　文字数は、400〜600字くらいを目安にしてください。

　発明者の中には、がんばって、4枚も、5枚も、書いて、説明する人がいます。

　手紙を読んでいただく、担当者は、どうでしょう。

　長文を読んで、発明の内容を理解するのが大変です。

　……、負担をかけてしまいます。

◆ **「特許願」の「要約書」は、400字以内でまとめる**

　特許庁に提出する、「特許願」の書類の「要約書」は、400字以内です。

　たとえば、懸賞小説のコンクールなどもそうです。

　必ず、「あらすじ」、をつけます。

　最初、その、「あらすじ」、を読んで、〇〇の発明は、素晴らしいです。

　……、と、いっていただけるように、まとめましょう。

◆ **「特許願」の「図面（説明図）」を上手に活用しよう**

　「図面（説明図）」を上手に活用してください。

　それも、上手な売り込みができます。

　婚活（お見合い）の写真と同じです。

　きっかけは、1枚の写真です。

　発明のときは、発明の「図面（説明図）」です。

　〇〇の発明の発明者は、あなたですよ。

　〇〇の発明をデビューさせる、最高のステージをつくってあげてください。

　それを、実行してあげるのは、発明者のあなたです。

いつも、自分が逆の立場になってください。

そして、こんなに嬉しいお便りだったら、読みたいです。

……、と、いっていただけるように、気持ちをこめて、手紙を書きましょう。

町（個人）の発明家が書く手紙文は、この懸賞小説でいえば、「あらすじ」です。

そして、なお、詳しくは、といった点は、書類を添付してもいいでしょう。

あるいは、別紙に、内容を説明してもいいでしょう。

手紙なら、売り込みは、郵便物の切手代で、できます。

この一通の手紙で、発明者は、売り込み先（会社）の様子が確認できます。

会社の窓口の担当者の方には、お手数かけます。

申し訳ないのですが、よろしくお願いいたします。

◆「図面（説明図）」は、３Ｄ「立体図」を活用しよう

左側の「図面（説明図）」は、ハートの形にしたバケツです。

右側は、針がみえるホッチキスの発明です。

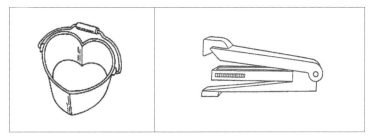

３Ｄ「立体図」を活用すれば、発明のポイントがわかりやすいでしょう。

第5章　ゴールは、大好きな○○の発明の商品化！

◆ 会社の担当者を信頼して、発明の内容を公開しよう

　詳しい発明の内容は、会社の担当者から、いわれたときに、みせるべきです。
　……、という人もいます。
　これも、理由があります。
　しかし、時代は、どんどんスピード化しています。
　発明の内容を、秘密にするよりも、最初から、公開して、交渉するほうが、会社の担当者に信用していただけます。
　そうすると、ビジネスも、早く成立します。
　商品になった、ほとんどのケースがそうです。
　会社の商品の開発の担当者の方に、お願いです。
　町（個人）の発明家の信頼にこたえてあげてください。
　恋愛だって、そうです。
　自分のことを公開しないで、彼女（彼）のことだけを、聞いてばかりでは、上手くいきませんよ。

◆ 手紙の「書き出し」は、どう書けばいいのか

　いよいよ、「手紙の書き方」です。
　ところが、ここで、また、悩んでしまう人がいます。
　たとえば、手紙の「書き出し」を、考えているうちに、いやになって、やめてしまいました。
　……、といった言葉を、何度も聞いています。
　これでは、まったく、本末転倒です。

◆「書き出し」

「書き出し」は、……、たとえば、

拝啓、私は、○○の発明をしました。

○○の発明を、御社に採用していただきたい、と思って、この手紙を書いています。

○○の発明の内容は、……、といったように書きます。

前文の、「貴社ますますご隆盛のこととお慶び申し上げます」を略して、ズバリ、本論に入ってもいいでしょう。

それで、上手くいった人もいます。

または、最初から、……、

○○の発明、ご採用のお願い、……、と書いて、手紙の趣旨を、まず、書くのです。

そして、私は、○○の発明をしました。

……、といったように書いてもいいです。

つまり、「書き出し」は、むずかしく考えなくても大丈夫だ、ということです。

しかし、それでは、気がすまない人のために、すぐに、使える「手紙の書き方」の形式を紹介しましょう。

次ページをご覧ください。

簡単だ、ということが、わかっていただけると思います。

第5章　ゴールは、大好きな○○の発明の商品化！

■ すぐに、使える・手紙の書き方

― 1 ―

　○○○○　株式会社
　社外発明（アイデア）企画開発担当者　様

　手紙をみていただきまして、ありがとうございます。

　拝　啓
　貴社ますますご隆盛のこととお慶び申し上げます。
　いつも、御社の商品、○○を愛用させていただき、その便利さに感謝しています。
　突然ですが、今回、○○の発明をしたので、ご批判をお願いしたくて、発明の企画のお手紙をお送りさせていただきます。
　貴社で採用願えないか、ご相談申し上げます。
　○○の発明は、……（発明の内容をわかりやすく書きます。）……………………………。
　すでに、手づくりで、「試作品」をつくり、○カ月も使っています。
　友人、家族にも好評を得ています。
　「図面」、「試作品の写真」を添付いたします。
　貴社の企画開発部のほうで、ご検討くださいますよう、よろしくお願い申し上げます。
　まずは、お願いまで。

　　　　　　　　　　　　　　　　　　　　　　　　敬　具

「図面」

郵便番号
住所（フリガナ）
氏名（フリガナ）　　　　　　　　　　（　　歳）
TEL
FAX
E-mail

[
簡単な自己紹介を書いてください。
担当者も、返事がしやすいと思います。
]

最後まで、ご一読いただきましてありがとうございました。
心から感謝いたします。

第5章　ゴールは、大好きな○○の発明の商品化！

　手紙の書き方は、だいたい以上のような形式です。
　これを参考にしてください。
　そして、同じように、書けばいいでしょう。
　こうしておくと、会社の担当者が、これは、売れそうな発明だ！
　……、と、いって、手づくりの「試作品」の見本をもって来社してください。
　……、といったような内容のメールか、電話がかかってくるか、手紙が届きます。
　そうしたら、会社に出向いて行って、得意になって、○○の発明の内容を説明してください。
　あなたの思いが伝わります。
　返事は、早ければ、早いほど、商品にしていただける可能性が高くなります。
　なお、○○の発明の売り込みをするときは、返信用の切手、郵便番号、住所、氏名を書いた返信用の封筒を礼儀として入れておきましょう。

【MEMO・メモ】

2. 出願を急ぐより、売り込みをすすめるのか

● ○○の発明の出願の書類は、書いて、実力をつけよう

　○○の発明の「特許願」の出願の書類を1件書くことは、「特許願」の出願の書類の書き方の本を、10冊読むよりも、実力はつきます。

　▷ ○○の発明の内容の整理ができる
　▷ 未完成の○○の発明の出願を、急いではいけない

でも、「特許願」の出願の書類は、書かなくてもいいです。
「特許願」の出願の手続きをしなくてもいいです。
……、といっているわけではありませんよ。
本当に、かんちがい、だけはしないでください。

◆ お金をかけて、未完成の○○の発明の出願を急いでも

　▷ 日本は、先願主義です。
だから、出願するのが先です。
　▷ 一日遅れたら、他の人（第三者）のものになります。

　……、と考えることは、産業財産権の法律書をみて、読む限り、正しいことです。

　ところで、○○の発明について、たとえば、市場性、製造コスト、考えていますか。

　商品にする、という面から考えていただきたいのです。

　未完成の発明を、急いで、出願することは、出願の費用をムダにするだけです。

　権利をとることを中心に考えた発明は、そのままでは、商品

にならないのです。

　したがって、「特許願」の出願を急いでも、**出願＝権利＝商品**にならないのです。

◆ **出願の手続きがきるように、書類にまとめて、準備しよう**

　売り込みをするとき、大切なことがあります。

　それは、○○の発明の「特許願」の出願の書類は、いつでも、「特許願」の出願の手続きがきるように、まとめて、準備しておくことです。

　○○の発明の完成度を高めるために、大切なことです。

　また、売り込みをした会社の担当者が、商品になるようにアドバイスをしていただけるケースもあります。

　興味をもっていただいたのです。

　そうなれば、ラッキーです。

　出願をするときに、アドバイスの内容を「特許願」の出願の書類の中に、加筆することができます。

　そのとき、

▷ 大きさ（寸法）を決めて、「図面」を描いてください。

▷ 手づくりで、「試作品」をつくってください。

▷「試作品」を使って、テスト（実験）をしてください。

▷ 便利になったか、「発明の効果」を確認してください。

▷ その結果を、気になる項目ごとに、◎・○・△・×をつけて、
　まとめるのです。

　未完成の○○の発明を完成させるまでの様子は、「発明手帳・メモ用紙」（105ページ参照）にまとめて、記録してください。

◆ 売り込みをすれば、発明の「評価」がわかる

　未完成の○○の発明、あわてて出願を急ぐより、まず、○○の発明、特許出願中です。

　……、と書いて、手紙で売り込みをしてください。

　ここで、目標の会社の「評価」がわかります。

　すると、目標の会社から、検討したいので、「特許願」の出願の手続きをした書類を、みせてください。

　……、と、いった内容のメールか、手紙が届きます。

◆ さらに、改良すれば、発明は、商品になる

　売り込みをして、いい感触が得られても、会社は、○○の発明を、すぐに、商品にすることはしません。

　売れないと困るからです。

　会社内では、○○の発明の、

　▷ 市場性

　▷ 価値、価格

　▷ 販売戦略

　▷ 流通ルート

　▷ 製造技術

　▷ コスト

　……、などを、検討します。

　その後、商品になる方向へと進展した場合でも、発明の内容を変更するケースがほとんどです。

　ここで、準備中の書類に、訂正をして、加筆するのです。

　その書類に、特許印紙を貼って、出願してください。

　その写しを、会社の担当者に送るのです。

第5章　ゴールは、大好きな○○の発明の商品化！

3. 先に発明の出願をしていたら、次は売り込みを

● 商品化に直結した「発明コンクール」に応募しよう

　一番、簡単なのは、一般社団法人 発明学会が主催している、商品化に直結し、一気に、多くの会社にみていただける「**発明コンクール・身近なヒント発明展**」に応募することです。

　応募用紙（Ａ３サイズ）に、必要事項を書くだけです。

　一度に、数十社の会社の社長さん、企画、開発の担当者に、○○の発明をみていただけます。

◆ 直接、会社に売り込みをしよう

　直接、会社に売り込みができます。

　それは、同種の発明を製造、販売している会社を、インターネットなどで調べるのです。

　調べるとき、会社の事業の内容を、10社、20社は、チェックしておきましょう。

　その中から、売り込みをしたい、会社を決めてください。

●「特許出願中」でも、売り込みはできる

　以前は、権利がとれていない○○の発明を目標の会社に売り込みをしても、商品にしていただけませんでした。

　ところが、いまは、特許出願中でも、契約ができて、お金「ロイヤリティ（特許の実施料)」も支払ってくれます。

　では、○○の発明の売り込みは、どうすればいいですか。

　すぐにできるのは、○○の発明は、特許出願中です。

　……、と手紙を書いて、売り込みをする方法です。

　会社の担当者が求めているものは、商品になる発明です。

だから、上手い文章にまとめよう、と気負わないことです。
そして、会社の担当者が、○○の発明を商品にしたい。
……、と、思ったときは、返事は早いです。

◆ あなたがまとめた「特許願」の出願の書類をみたい

「特許願」の出願の書類をみたい。
……、といった内容のメールか、手紙が届きます。
あるいは、電話がかかってきます。
ここまできたら、目標の60〜70％のところまできたのです。
それが、決まったときに、「特許願」の出願の書類に、加筆、訂正をして、内容の変更ができます。
すると、会社の担当者が求めている、商品になる発明が誕生するのです。

◆ 発明が未完成のままだと、嬉しい返事は、返ってこない

▷ 手づくりで、「試作品」をつくってください。
▷ テスト（実験）をしてください。
▷「発明の効果」を、確認してください。
……、改良をくりかえしながら、商品にしていただけるように、未完成の○○の発明を、完成させることです。
中には、
▷ 返事が返ってこなくて、……。
▷ お断りの手紙をいただいて、……。
おこる人がいます。
そして、相手を非難する人もいます。
……、そういった、町（個人）の発明家の相談を、ときどき受けます。

第5章　ゴールは、大好きな○○の発明の商品化！

その理由は、○○の発明が、完成させるための途中で、未完成だからです。

◆ 同時に複数の会社に売り込みをしたときは

複数の会社に、売り込みをしました。

すると、2社、3社から、同時に、採用したい、契約をしたい、といっていただきました。

どうすればいいですか⁉

……、それは、ありがたいことです。嬉しいです。

そういうときは、○○の発明を商品にしていただける、時期が早くて、契約の条件がいい会社と手続きをすればいいでしょう。

そして、他の会社には、先日、提案させていただいた○○の発明は、お陰様で、○○会社に採用していただけました。

……、といった内容の手紙を書いてください。

お断りしましょう。

それが、礼儀です。

● 一つの発明を、複数の会社と契約ができるのか⁉

▷「通常実施権」

「通常実施権」といって、何社にでも、実施権の契約をすることができます。

だけど、実際の問題として、何社も、採用したい。

契約をしたい。

……、といって申し込んでくることはありません。

▷「専用実施権」

たいてい、「専用実施権」といって、その権利を独占したい。

……、といってきます。

それで、満足すべきです。

次は、お金「ロイヤリティ（特許の実施料）」のことで、心配で、悩むこともあります。

また、よく質問をうけることです。

出願中に、お金「ロイヤリティ（特許の実施料）」をいただいて、もし、権利がとれなかったとき、お金「ロイヤリティ（特許の実施料）」は、返金しなければならないのですか⁉

出願中の「ロイヤリティ（特許の実施料）」は、返さないのが慣例になっています。

もしもですが、それが、心配な人は、「契約書」（86ページ参照）に、そのことを書いておきましょう。

◆ 心配ばかりしていては、何もできない

町（個人）の発明家は、心配することがたくさんあります。

気になる人は、○○の発明を、いつ、したのか、その日付（○年○月○日）を残しておいてください。

そこで、

▷「図面」、説明図、設計図、……、などを、詳しく描くのです。

▷ 目的（いままでの商品との比較）、

▷ 構成（しくみのポイント）、

▷ 発明の実施の形態（実施例や使い方）、

▷「発明の効果」などを詳しく書いてください。

○年○月○日に、○○の発明をしました。

その日付（年月日）を残しておくのです。

そうしておけば、売り込みをした会社が、そのまま使ったとき、文句だっていえます。

第5章　ゴールは、大好きな○○の発明の商品化！

◆ 発明の「1人・1テーマ・1研究」をしよう

　5人、10人、20人の社長さんにみていただいて、もしも、一人も共鳴者がいなければ、○○の発明に、魅力がなくて、ニーズ（需要）がないことが多いです。

　そのときは、発明の「1人・1テーマ・1研究」をして、繰り返し、何度も、改良することです。

　▷ もっと安くつくれるような、物品の形状、構造（しくみ）は、考えられないですか。
　▷ 同じ値段で、もっと、便利で用途が広くなるような構造（しくみ）に、できないですか。
　▷ 必要度合が、もっと、増えないですか。
　……、少し、考えてください。
　そして、「試作品」をみなおすことです。

◆ 60点以下の○○の発明を、70点、80点にしよう

　60点以下の○○の発明を、70点、80点に、なるように、くりかえし、「試作品」をつくり、改良することです。

　よく、試作100回と、いわれます。

　だから、何度も、改良を加えて、未完成の○○の発明の完成度を高めてください。

　発明の醍醐味は、一試作ごとに、その改良の過程にあります。

　会社の担当者は、ウーム、うまく考えたなあー、と、いって、感心しますよ。たとえ、それが、どんなに苦労であっても、深い味わいとなります。

　そうして、もう一度、二度、三度と、5社、10社、20社に、売り込みをしましょう。

　発明者（本人）の人間性も高まります。

◆ **封筒に「社外発明・アイデア提案用紙在中」と書く**

手紙で、郵送の際には、封筒に**「社外発明・アイデア提案用紙在中」**と、書いてください。

あて名は、字を書くのが苦手でも、心をこめて、手書きで書くほうがいいでしょう。

たとえば、「○○の発明の提案書」在中、です。

……、と赤字などで書いて、目立つように、工夫しましょう。

○○の発明、「受付」しました。

……、と書いた、返事をいただきたいときは、「受付」の確認ができるように、「返信用のハガキ」を同封するといいです。

ハガキの表には、郵便番号、住所、氏名を書いてください。

会社から、「採用」、「不採用」の連絡（返事）は、1カ月、2カ月、……、かかるのが普通です。

【MEMO・メモ】

第5章　ゴールは、大好きな○○の発明の商品化！

4. マスコミに売り込みの手紙を書こう

● 新聞社の編集部に、発明の紹介文を投稿しよう

新聞社の編集部の情報コーナーに、○○の発明の紹介文を投稿しましょう。

紙面に紹介していただくことは、多くの人に、同時に知っていただけます。

だから、大好きな発明を商品にしていただく会社をさがす方法としては、最適です。

○○の発明の「試作品」の完成度が、少々悪くても、紹介していただけます。

なぜなら、それは、掲載できる紙面が無限に大きいからです。

新聞一つとっても、地方新聞など、たくさんあります。

その多くの編集部の担当者は、商品にできる、面白い発明はないか、と、いつも「情報」をさがしています。

そういったところなら、○○の発明を記事として、紹介していただけます。

読者が興味をもつような発明なら、新聞に紹介していただけます。

すると、何万人かの目に一気にふれます。

そして、原稿料までいただけます。

多くの町（個人）の発明家は、発明を紹介した原稿が採用されやすい。

……、ということを知らないのです。

……、だまっているから、掲載していただけないのです。

◆ ○○の発明の紹介文を書いてみよう

　○○の発明を、他の人（第三者）にわかっていただけるように、「図面」を描いて、紹介文を書いてみましょう。

　口でいうよりは、書いたほうがずっと人にわかっていただけます。

　○○の発明の紹介文を、自分自身で、読んで、わかるように書くのです。

　そして、何度も、読んで、わかるように、書き直すのです。

　新聞に、紹介していただいて、発明が商品になった人もいます。

◆ 商品になった、発明の説明文は、書きやすい

　町（個人）の発明家や技術家は、文章にまとめるのが苦手だ、という人がいます。

　それは、食わずぎらい、というヤツです。

　試しに、「図面」をみながら、説明文を書いてください。

　まとめてみると、案外と簡単に、文章が書けるものです。

　いや、自分は、作文はきらいです。

　……、といっている人ほど、書いた文章が、何となく、よくできた。

　……、といって、いい気分になっています。

　とにかく、自発的に書いてみることです。

　理屈ではありません。

　大好きな○○の発明が商品になった、発明家の説明文は、わかりやすいです。

　それは、発明を創作する脳のメカニズムと、文章をつくる脳のメカニズムが、同じだからです。

第5章　ゴールは、大好きな○○の発明の商品化！

◆ 発明の紹介文は、400〜600字くらいでいい

　400〜600字くらいでまとめた原稿、の内容がわかるか、家族、友人にお願いして、確かめてください。

　そして、内容がわかりやすい。

　……、といっていただけるようになったら、それを、新聞社の編集部に投稿するのです。

　はじめは、なるべく、地方新聞がいいと思います。

　同じ文章を、3社か、4社に送ってください。

　読者の興味を引くものであれば、文章が上手、下手に関係なく、採用していただけます。

◆ 発明の紹介文は、掲載されやすい

　新聞社の編集部に、○○の発明の紹介文を投稿してください。

　○○の発明が記事として、採用していただけたら、それは、すごいですよ。

　無料で、大きなＰＲができるからです。

◆ 手紙と、「図面」、「試作品の写真」などを送ってみよう

　私は、町（個人）の発明家です。

　今回、○○の発明をしました。

　紹介文の原稿です。

　「図面」、「試作品の写真」です。

　○○の発明を記事にして、紹介していただけないでしょうか。

　……、と書いて、送るのです。

　町（個人）の発明家の発明は、商品になっていません。

　だから、お願いの原稿を、あまりたくさんだせません。

　……、そこで、5社くらいに原稿を送る、といいでしょう。

そして、どこか、1社で採用していただけたときは、他社に、そのことを伝えて、お断りしましょう。
　地方紙なら、お互いに、あまり関係がない、と思います。
　同じ原稿を送っても、問題には、ならないでしょう。

● **テレビ局、ラジオ局などに、原稿、写真、「図面」を送って、発明を紹介していただこう**

　自分の○○の発明を、テレビ局などの情報番組のコーナーで、紹介していただくために売り込みをするときは、多少、時間がかかります。
　発明の発想がよくても、発明の「試作品」が必要です。

【MEMO・メモ】

第5章　ゴールは、大好きな○○の発明の商品化！

5．会社の担当者とのやりとりが大切

● 手紙を読む、会社の担当者のことを考えよう

　会社に、どういった内容の売り込みの手紙が送付されてくるのか、筆者も気になっていたので、「発明コンクール」の協賛会社の担当者の方に教えていただきました。

　町（個人）の発明家に、参考になると思います。

　ご紹介しましょう。

　自分自身でも、相手の立場になって、どういった手紙だったら、嬉しいか、すぐに、対応していただけるか、考えましょう。

◆ 一番、嬉しいのは、すぐに、発明の内容が理解できる手紙

　一番、読みたくなる手紙は、

　▷「図面」の描き方が、上手くて、すぐに、発明のイメージが浮かぶ。

　▷「試作品」の写真、「図面」が、同封されている。

　▷ 丁寧（ていねい）な字、文章で書かれている。

　▷ 発明の内容の説明を、簡潔にまとめている。

　▷ Ａ４の大きさの紙１枚に、まとめている。

　……、このような手紙が送られてくれば、担当者も、すぐに、検討を開始します。

　ほかにも、嬉しいことがあります。

　自分の発明をみていただくために、貴重な時間を、つくっていただき申し訳ないです。

　……、といって、その地方の美味しいお菓子を同封していただける方もいます。

　そういうとき、課のメンバー全員が喜んでいるそうです。

●売り込みをするとき、会社の担当者を困らせない
　町（個人）の発明家は、いろんなタイプの方がいます。個性があって、いいと思います。
　でも、わがままでは、いけません。
　相手の都合を、一番に、考えましょう。
　思いやり、大切ですよ。
　会社の担当者に、売り込みの手紙をみせて、困らせてはいけませんよ。
　残念ですけど、次のようなことを、体験します。
　それを紹介しましょう。

（１）会社の「事業の内容」と異なる発明を送られても
　会社の「情報（事業の内容）」と、異なる発明を送ってくる発明家もいます。
　送る前に、商品にできるか、検討していただけるように、会社のホームページで、「事業の内容」、確認してください。
　……、そうすれば、手紙は、ムダになりませんよ。

（２）大きな「試作品」を突然送られても
　大きな○○の発明の「試作品」を、突然送ってくる発明家もいます。
　手紙に、○○の発明は、とても、便利です。
　使ってください。
　……、と、書いています。
　その前に、「試作品」の写真、「図面」と説明書を送ってください。
　○○の発明に、興味があるか、確認ができます。

第5章 ゴールは、大好きな○○の発明の商品化！

「試作品」は、書面をみて、必要なときは、担当者のほうから、連絡をさせていただきます。
　会社は、開封もせずに、そのまま、発明者に、着払いで、返送します。

（3）御社で、発明の「試作品」をつくってください。
　　……、と、いわれても
　御社で、○○の発明の「試作品」をつくってください。
　そして、完成したら、送っていただけませんか。
　……、と、いった内容の手紙もあります。
　自分の力で、「試作品」をつくり、テスト（実験）をして、発明の効果を確認してください。
　これなら、大丈夫、といえる、自信がある発明の売り込みをするのです。

（4）ハガキ1枚に、○○の発明を採用してください。
　　……、と、いわれても
　ハガキ1枚に、自分の素晴らしい○○の発明を採用してください。
　……、と、書いた売り込みです。
　いきなり、○○の発明を採用してください。
　……、と、いわれても、担当者は、困ってしまいます。
　それは、とうぜんのことですが、それでは発明の内容が理解できません。

《まとめ》

以上のように、手紙の書き方で、「採用」、「不採用」が、簡単に、決まってしまいます。

「採用」と書いた、嬉しい返事をいただけるように、売り込みの手紙を書きましょう。

売り込みをするときは、返信用の切手、封書を入れる、といった基本的なビジネスマナーは、とても、大切です。

【MEMO・メモ】

第5章　ゴールは、大好きな○○の発明の商品化!

6. 売り込みで、発明の完成度が高まる

●「試作品」ができたら、会社に、売り込みをしよう

手づくりで、「試作品」をつくることと一緒にやっていただきたいことがあります。

それは、売り込みをしたい、目標の第一志望、第二志望の会社を決めることです。

別に、インターネットなどで、自分の発明と同じようなものを、製造、販売している会社を、20社、30社くらいは、調べましょう。

○○の発明が優れていても、売り込みをしたい、目標の会社を間違えば、発明をデビューさせる機会をのがしてしまいます。

だから、

▷ 同じ分野で、新商品を多くだしている会社を調べましょう。
▷ 一般からの発明を歓迎している会社を調べましょう。

◆ ○○の発明の売り込みのしかた

発明の売り込みは、手紙で行なうのがベストです。

▷ 大きさ（寸法）を決めて、
▷「図面」を描いて、
▷ 説明文を書いて、
▷ 目標の会社に、手紙を書いて売り込みをして、自分の思いを伝えることです。

◆ 直接「試作品」を持参して、訪問したい

面談を希望したいときは、先に、「図面」と、説明書を送ってください。

直接、訪問しても、あっていただけないケースが多いからです。

それから、メールか電話で、訪問をしてもいいか、会社に、確認をしてください。

面接をお願いするときは、短時間で、その発明のニーズ（需要）と特徴と課題（問題）の解決点を簡潔に述べることです。

発明のポイントが、簡単に理解できないと、採用して、契約しましょう。

……、といっていただけないからです。

◆ **売り込みをすると、会社の様子がわかる**

発明の売り込みは、本当に大切です。

出願することも大切です。

だから、売り込みと一緒に、いつでも、出願の手続きができるように、出願の書類を作成してください。

そして、準備だけは、しておくことです。

とにかく、目標の会社に売り込みをしましょう。

そして、商品にしていただきましょう。

ここで、少しの期間、目標の会社の様子をみることです。

それが、町（個人）の発明家のムダのないやり方だ、と思います。

● **○○の発明の完成度が高まる**

素晴らしい発明が完成しました。

そこで、思いきって、売り込みをしました。

でも、とても、不安です。

たとえば、

第5章　ゴールは、大好きな◯◯の発明の商品化！

▷ 私の発明、盗用されたらどうしよう。
▷ マネされたらどうしよう。
……、と、悩んでいます。
初心者ほど、それが、強いようです。
でも、「マイナス思考」をしてはいけません。
他の人（第三者）に、盗用されそうな発明が生まれたら、最高です。
私は、これまで、40数年間、町（個人）の発明家の発明が商品になるように、お手伝いをしています。
……、それで、ある程度のことはわかります。
悩まなくても、大丈夫です。
……、それらの権利が無断で、盗用されて、困りました。
……、という例は、聞いたことがありません。
冷静になると、そういった事情が、だんだんわかってきます。
そうすると、今度は、別のことで、悩みます。

◆ ◯◯の発明を、だれも、マネをしてくれないのでは、
　……、といったこと
このように、考えられるようになれば、発明の完成度は高まっています。
ここまでくれば、発明を採用しましょう。
契約しましょう。
……、といっていただける会社もあらわれます。
次のようなケースもあります。
自分の企画、発想は、他の人（第三者）に盗用されると思って、だれにも、話さずに、一人でコツコツと調査をして、試作、テスト（実験）にチャレンジする人がいます。

ウーン、その気持ちはよくわかります。
　でも、そのやり方では、能率が悪い、効率が悪い、ということに、早く気がついていただきたいです。

◆ **売り込みには、あまり、力を入れない**
　ここまでくると、
　▷ **今度は、だれもマネをしてくれないのでは、**
　……、といった心配のほうが大きくなります。
　この企画、案を採用しましょう。
　契約しましょう。
　……、といっていただける会社があるのでしょうか!?
　……、といった不安と心配ごとです。
　もともと、町（個人）の発明家は、発明の創作をするときは、熱心です。
　ところが、売り込みには、力を入れないのです。
　売り込みをせずに、黙っていては、○○の発明、採用します。
　契約しましょう。
　……、といっていただける会社は、ありません。
　だって、何もしていないでしょう。

【MEMO・メモ】

第5章　ゴールは、大好きな○○の発明の商品化！

7. 売り込み、もう少しで、上手くいく

● 積極的に売り込みをしよう

売り込み、もう少しで、上手くいきますよ。

積極的に売り込みをしましょう。

会社の反応で、発明の「市場性」も、確認できます。

▷ 権利がとれるまでは、ヒミツにしておくのがいい。

▷ 権利がとれないと、どこの会社も、採用して、契約もしてくれない。

……、などと考えている、町（個人）の発明家もいます。

いまは、そんなに、呑気な時代ではありませんよ。

◆ ○○の発明を、マネされることを心配してはいけない

権利がとれるまで、待っていたのでは、その間に、発明に、新しさがなくなってしまいます。

権利＝製品＝商品では、ありません。

だから、**出願＝製品＝商品**をめざしましょう。

発明をマネされることを、心配してはいけません。

数社がマネをしてくれるような発明でないと、売れませんよ。

もし、4社も、5社も、マネをしてくれるようだったら、それは、大喜び、すべきです。

先に商品になった人は、あとから、商品になった人の、何倍も売れます。

なぜなら、マネをした人が、商品の宣伝をしてくれている、ようなものだからです。

◆ だれも、マネをしてくれない

 町（個人）の発明家に、心配していただきたいことは、むしろ、だれもマネをしてくれない。

 ……、と、いったことです。

 こういった発明は、お金「ロイヤリティ（特許の実施料）」も、入ってこないし、発明を採用した会社は、大損をすることになります。

◆ 発明の売り込みで、商品にできる、実力がつく

 大好きな発明を商品にできる、実力をつけるためには、5社、10社に売り込みをすることです。

 それが、一日も早く、商品にしていただける、効果的な方法です。

◆ ○○の発明を、採用する会社は、真剣勝負

 ▷ ○○の発明の使用上の欠点をみつけていただけます。

 ▷ お客さんが、○○の発明を、みたとき、どう思うか、販売上のポイントを教えていただけます。

 ▷ 製造上、コスト高になる部分を、どのような方法で、とりさるのか、……、考えてくれます。

 このように、売り込みをしてみると、発明家の多くの作品が、営業上、商品化がむずかしいことが、わかります。

 それがわかって、はじめて、商品にしていただける発明が生まれるのです。

 したがって、

 ▷ 売り込みをしたことのある発明家と、

 ▷ 売り込みを人まかせにする発明家とは、商品化そのもの

の考え方が違います。
　発明の内容も違います。
　売り込みに、熱心な発明家ほど、商品にしていただける発明が、生まれるのです。
　中には、私の発明は、素晴らしいが、売り込みをしないから、スポンサーがみつからないだけです。
　……、と、いう人がいます。
　それは、本末転倒です。
　▷ 売り込みをしないからです。
　自分の発明の課題（問題）がわからないのです。
　▷ 何が課題（問題）か。
　　どこが課題（問題）か。
　それが、わからないのです。

　だから、売れる発明が生まれないのです。
　目標の会社に売り込みをしましょう。
　そうすれば、商品にしていただける発明が生まれます。

◆ **先に、ハッキリいえる目標が必要**
　たとえば、中学・高校生が、次の学校を決めるときです。
　○○学校の入学試験に合格したい、入学したい、と、目標を決めるでしょう。
　目標、とする学校を決めたら、資料をとりよせます。
　それから、過去の入試問題をみて、受験の対策をして、傾向と対策をねるでしょう。
　そして、学習をします。
　町（個人）の発明家は、○○の発明を商品にすることを目指

すでしょう。

　そして、○○会社に売り込みをして、商品にしていただきたい、と、しっかりした目標を決めるでしょう。

　商品にする、順番を間違うと、「ゴール」が、いつまでたっても、みえてきませんよ。

　目標がハッキリしたら、行動に移しましょう。

　くりかえしになりますが、……、

▷ **手紙を書いて目標の会社に売り込みをしよう**

　新しい、目標の会社をさがすのは、「インターネット」などで検索してみましょう。

　同種の商品を製造、販売している会社を、20社、30社、調べることです。

　そして、一度に、5社、10社くらいは、売り込みの手紙を送ってみましょう。

　20社も、30社も送ってください。

　それで、商品にしていただいた人もいます。

▷ **「発明学校」で、発明を発表しよう**

　「発明学校」に出席して、売り込みの**「発明発表オーディション」**コーナーで、発明を発表する方法もあります。

　参加者のみなさんの前向きな意見が聞けます。

▷ **「発明・アイデアコンクール」に応募する**

　一般社団法人 発明学会が主催している、商品化に直結した**「発明・アイデアコンクール」**が開催されています。

　そのコンクールに応募することです。

　それは、賞金よりも、その後、採用されると、お金「ロイヤリティ（特許の実施料）が、2〜5％」いただけます。

　それが大きいのです。

【MEMO・メモ】

おわりに
〔筆者から贈る大事なお便り〕

● **筆者があなたの発明を拝見しましょう**

　筆者は、40数年間で、何万人も、町（個人）の発明家に、発明を商品にするための成功ノウハウを教えてきました。

　いまも教えています。

　特許（発明）の指導の実績も豊富です。

　それをもとに、読者のみなさんが、○○の発明を、短期間で、商品にできるように、教えたいです。

　アドバイスをさせてください。

　その結果、特許（発明）を楽しめます。

　○○の発明は、商品になります。

　そして、○○の発明は、お金「ロイヤリティ（特許の実施料）」になるのです。

　具体的には、

　▷ 目標の会社の決め方、

　▷ 売り込みのし方、

　▷ 売り込みの手紙の書き方などです。

　そして、

　▷ あなたの○○の発明が、特許になるのか、

　……、などです。

　気軽に相談してください。

　事務的に処理しませんよ。

　親身になってお手伝いします。

　あなたと同じ立場になって応援します。

おわりに

　余談ですが、自分のために、貴重な時間をつくっていただき申し訳ない、といって、その地方の美味しいお菓子を持参して、いただける人もいます。
　心遣い、本当に嬉しいです。
　筆者は、洒落も、お酒も大好きです。
　本書を読んだ、と、この本の書名を書いて、「図面」、説明書のコピーをお送りください。
　一言、本の感想も、添えていただけると嬉しいです。

　〒162-0055　東京都新宿区余丁町7番1号
　一般社団法人 発明学会 気付　中本 繁実　あて

　形式は自由です。
　一つ、お願いがあります。
　読みやすく、整理がしやすいように、用紙は、A4サイズ（横21㎝、縦29.7㎝）の大きさの白紙を使ってください。
　ワープロ（Word）、または、丁寧（ていねい）な字で書いてください。
　原稿は、必ず写し（コピー）を送ってください。
　返信用（返信切手を貼付、郵便番号・住所、氏名を書いてください）の封筒、または、あて名を印刷したシールも一緒に送ってください。

◆「1回・1件体験相談」
　「1回・1件体験相談」の諸費用は、返信用とは別に、一件、**定形の手紙（郵便物）料金の切手×8枚です。**
　これは、読者のみなさんへのサービスです。

発明に関する「情報」がいっぱい紹介されている、「発明ライフ（900円）」をプレゼントいたします。

　一般社団法人 発明学会が発行している機関紙です。

　私に「1回・1件体験相談（30分以内・予約が必要）」を希望されるときは、相談にこられる前に、あなたの○○の発明に関連した「情報」を集めてください。

◆「先行技術」が集まる「特許情報プラットフォーム」

　あなたが、○○の発明を考えたとき、出願がムダにならないように、先行技術がないか、「特許情報プラットフォーム（J-PlatPat）」で、チェックすることが必要です。

　初心者でも、検索ができるように、「簡易検索」があります。

　だから、ご安心ください。

　豊富な知識がつまっている、頭「脳」と、手と、足を使うだけです。

　パソコン、スマートフォンを使いながら、一緒に学習しませんか。学習するための学費は、タダです。

　調べ方が不安なときは、気軽に相談してください。

　たくさん集めた「情報」を整理して、まとめれば、効率よく、発明を商品にすることができます。

　関連した「**情報**」は、**USBメモリー**に保存しておいてください。それを、相談のときに、ご持参ください。

　それでは、私と一緒に、○○の発明が、商品にしていただけるようにまとめましょう。

　読者の皆様、貴重な時間を使って、本書を最後まで読んでいただきましてありがとうございました。

　心から、お礼申し上げます。

著者紹介

中本繁実（なかもと・しげみ）

1953年（昭和28年）長崎県西海市大瀬戸町生まれ。

長崎工業高校卒、工学院大学工学部卒。1979年社団法人発明学会に入社し、現在は、会長。発明配達人として、講演、著作、テレビなどで「わかりやすい知的財産権の取り方・生かし方」、「わかりやすい特許出願書類の書き方」など、発明を企業に結びつけて製品化するための指導を行なっている。初心者のかくれたアイデアを引き出し、たくみな図解力、軽妙洒脱な話力により、知的財産立国を目指す日本の発明最前線で活躍中。わかりやすい解説には定評がある。

座をなごませる進行役として、恋愛などのたとえばなし、言葉遊び（ダジャレ）を多用し、学生、受講生の意欲をたくみに引き出す講師（教師）として活躍している。洒落も、お酒も大好き。数多くの個人発明家に、成功ノウハウを伝授。発明・アイデアの指導の実績も豊富。

東京発明学校校長、家では、非常勤お父さん。

著作家、出版プロデューサー、1級テクニカルイラストレーション技能士、職業訓練指導員。

主な著書に、『発明・アイデアの楽しみ方』（中央経済社）、『はじめて学ぶ知的財産権』（工学図書）、『発明に恋して一攫千金』（はまの出版）、『発明のすすめ』（勉誠出版）、『これでわかる立体図の描き方』（パワー社）、『誰でもなれる発明お金持ち入門』（実業之日本社）、『はじめの一歩　一人で特許（実用新案・意匠・商標）の手続きをするならこの1冊　改訂版』（自由国民社）、『特許出願かんたん教科書』（中央経済社）、『発明で一攫千金』（宝島社）、『発明・特許への招待』『やさしい発明ビジネス入門』『マネされない地域・企業のブランド戦略』『発明魂』『知的財産権は誰でもとれる』『環境衛生工学の実践』『発明！ヒット商品の開発』『企業が求める発明・アイデアがよくわかる本』『こうすれば発明・アイデアで一攫千金も夢じゃない！』『おうち時間楽しく過ごしてお金を稼ごう！』『モノづくり・発明家の仕事』『毎日・発明＆言葉遊び365日＋1日』（以上、日本地域社会研究所）ほか多数。

監修に『面白いほどよくわかる発明の世界史』（日本文芸社）、『売れるネーミングの商標出願法』『誰でも、上手にイラストが描ける！基礎のコツ』（以上、日本地域社会研究所）などがある。

監修・テキストの執筆に、がくぶん『アイデア商品開発講座（通信教育）』テキスト6冊がある。

商品化できる発明のつくり方

2025 年 1 月 23 日　第 1 刷発行

著　者　中本繁実
発行者　落合英秋
発行所　株式会社 日本地域社会研究所
　　　　〒 167-0043　東京都杉並区上荻 1-25-1
　　　　TEL　（03）5397-1231（代表）
　　　　FAX　（03）5397-1237
　　　　メールアドレス　tps@n-chiken.com
　　　　ホームページ　　http://www.n-chiken.com
郵便振替口座　00150-1-41143
印刷所　中央精版印刷株式会社

©Nakamoto Shigemi 2025 Printed in Japan
落丁・乱丁本はお取り替えいたします。
ISBN978-4-89022-314-5